五彩校园文化艺术活动丛书

校园美化类活动指导手册

王 莉 ◎编著

吉林出版集团股份有限公司
全国百佳图书出版单位

前言 PREFACE

在党和政府的要求下，长期以来，学校文化艺术活动作为学校教育教学工作的一个重要组成部分，不仅是广大青少年建立兴趣爱好和成材的重要途径，而且是学校德育工作发挥巨大作用的主要因素。营造丰富多彩的校园文化，为广大青少年开拓广阔的成材之路，这是加强素质教育的要求，也是培养青少年未来实现中国梦想的要求。

学校开展形式多样的文化艺术活动，能够使广大青少年达到开阔视野、陶冶情操、增长才智、提高素质、沟通人际、适应社会以及改善知识结构和掌握实用技能等方面的效果。在这些文化艺术活动中，广大青少年通过接受不同形式、不同内容的有益教育，能够起到潜移默化的作用，这对造就和培养有理想、有道德、有纪律、有文化、适应中国复兴和实现中国梦的新一代人才有着十分重要的作用。

因此，越来越多的学校对于开展丰富的文化艺术活动和营造浓郁的校园文化环境给予了越来越多的投入和努力，学校里的音乐队、合唱团、舞蹈队、书画社、兴趣小组等，简直琳琅满目。因此，校园文化艺术活动的组织策划与指导就显得十分重要了。这就需要坚持先进文化的正确方向，以育人为根本目标，努力发展符合实际需要、并为广大师生喜闻乐见，且具有实效的校园物质文化和精神文化体系，真正营造五彩校园的文化氛围。

为此,根据党和政府有关政策和部门的要求以及国内外最新校园文化艺术的发展方向,特别编撰了《五彩校园文化艺术活动》丛书,不仅包括校园文化艺术活动的组织管理、策划方案等指导性内容,还包括阅读、科普、歌咏、器乐、绘画、书法、美化、舞蹈、文学、口才、曲艺、戏剧、表演、游艺、游戏、智力、收藏、棋艺、牌技、旅游、健身等具体活动项目,还包括节庆、会展、行为、环保、场馆等不同情景的活动开展形式等,具有很强的系统性、娱乐性、指导性和实用性。

本套丛书适当配图,图文并茂,设计精美,格调高雅,不仅是广大学校用于开展丰富文化艺术活动的最佳指导读物,也是大中小学学校领导、教师,在校大中小学生、研究生、博士生以及有关人员学习的最佳实用读物,还是各级图书馆珍藏的最佳版本。

目录 CONTENTS

N01. 学校环境文化的建设

校园环境管理的意义……….002
教学环境的设计与优化……011
优化环境的依据和理念……017
优化环境的途径和方法……028
校园环境的日常管理………031
校园人文环境的建设………034

校园建设存在的问题.........042
中学校园环境的建设.........050
大学校园环境的建设.........062

NO2. 校园美化类活动的策划

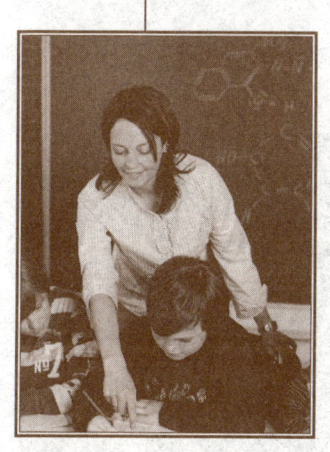

校园活动策划的组织.........070
写策划书与制定计划.........077
学校活动方案的制定.........081
学校活动策划注意项.........086
宿舍文化大赛策划书.........089
教室美化的重要性.........093
教室美化的布置方案.........098

NO3. 美化校园的活动管理

绿化美化校园的意义.........102
校园绿化美化的实施.........104

美化校园的演讲稿…………106
美化校园的倡议书…………111
保护植物的宣传语…………113
校园美化绿化的办法…………115
绿化养护管理制度…………121

N04. 美化校园的黑板报设计

校园黑板报的概述…………126
黑板报的标题及报头…………129
黑板报的文字及编排…………133
黑板报的整体版面…………136

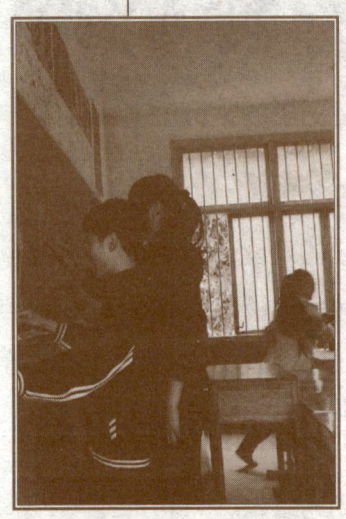

黑板报的文字书写............139

黑板报制作常用技巧........143

让校园黑板报活起来........145

NO5. 美化校园活动的案例

利用变废为宝美化校园.....150

利用艺术设计美化校园.....155

利用绿化效果美化校园.....159

整理自行车以美化校园.....162

美化校园要从自我做起.....165

从清洁校园到美化环境.....171

从美化校园到快乐学习.....176

NO1.学校环境文化的建设

校园环境管理的意义

校园环境的概念

校园环境可以解释为整个校园和校园里的一切情况与条件。校园环境包括校园里的房屋建筑、花草树木及其他基础设施,可统称为校园自然环境;又包括学校风气、师生的精神风貌、师生之间的人际关系及校园的文化氛围,可统称为校园的人文环境。

整齐、清洁、优美的自然环境,是校园环境建设的基础,是开展学校德育工作的物质基础。健康的文化活动、浓郁的文化氛围,师生

奋发向上的精神风貌，和谐的人际关系，纯正的校风，是一种强大的感染人的力量，它是校园环境建设的核心内容，最有利于学生良好人格、学校良好风尚的形成。

校园环境具有暗示性、渗透性等特点，它对学生潜移默化的影响是深远而持久的，在一定程度上也是一种教育媒体。无论是校园的自然环境，还是人文环境，对学生都是无声的教育，它们与有声的教育相配合，具有相得益彰的效果，有利于提升学校的德育工作的实效。

作为现代社会文明的重要组成部分——学校，其环境的优美程度自然是现代学校文明的重要标志。学校校园的环境当中，校园环境文明建设是至关重要的。为营造学校良好的学习环境，必须重视对校园环境文化的建设，校园环境文化建设，在学校发展中越来越能显示其独特的一席之地。

校园环境文化的核心内容和深层结构，是学校的校风、文化生活、人际关系和心理氛围，它以"外显内隐"的行为模式感染着受教育者的思想观念、道德行为，潜移默化地激发着学生对某种价值的追求，自觉不自觉地影响着学生走上社会后的发展。因而学校是否针对现代中学生的心理需求以及未来社会的发展需要来加强对校园文化活动的引导和阵地建设，无疑是一个教育不可忽略的重大问题，理论和实践都证明必须重视对校园环境文化的建设。

校园环境文化

校园环境文化，在培养学生综合性能力方面具有重要的作用。这种综合能力的培养并不是课堂教学所能够完全承担的，它需要多种逻辑的训练。校园环境文化，作为学生学习的重要场所之一，有其独特的作用。

1. 物质环境的作用

校园环境文化作为校园的生态系统，其特质环境主要是指校园内经过人们组织、改造而形成的校容校貌和校园学习环境。具体指校容、校貌、自然物、建筑物及各种设施等。这种物质环境自然是一种环境文化，它的作用体现在"桃李不言"的特点上，却能使学生不知不觉，自然而然地受此熏陶、暗示、感染。

所以，学校物质环境文化的设计必须强化环境育人意识，使校园环境充满文化色彩，"努力使学校的墙壁也讲话"。作为学校的教育者，如果能使用学校各种物质的东西都能体现一种学校的个性和精神，都能给学生一种高尚的文化享受和催人奋发向上的感受，那么校园的物质环境就会成为一位沉默而有风范的老师，起着无声胜有声的教育作用。

2.组织环境的作用

校园环境文化作为校园的生态系统，其组织环境是一种以各种形式的制度为特定载体的生态系统，它是人类文化的凝结，具有鲜明的地域和时代特征。

具体来讲包括行为规范体系、决策条例体系和管理制度体系等。学校的组织环境自然是学校文化传统的历史积淀，又是校园文化建设的现实起点，它是校园环境文化由低级向高级跃进的有利保障。所以，这个系统的环境文化程度，直接影响着学校教育的质量和效果，直接影响着受教育者能力和素质的程度。

3.精神环境的作用

校园环境文化作为学校的一个生态系统，其精神环境从学生个体角度看，精神环境又是心理环境。它是学校环境文化中最坚韧的物质和内核，体现在师生的精神面貌、校风、学风、集体舆论、校园精神、学校形象等方面。

校园精神环境是校园的灵魂，是学校师生认同的价值观和个性的反映，是一种潜在的教育力。良好的心理环境和校园精神环境文化会使人的精神愉快,具有催人奋发向上、积极进取,开拓创新的教育力量。

帮助广大师生树立以社会主义理想和道德为核心内容、以科学态度、开拓精神、创造能力和高尚品格为目标的校园精神环境,形成团结、和谐、融洽、民主、友好、合作的人际关系环境和客观、理解、抑恶扬善的集体舆论环境,是校园精神环境建设的重要任务。

4.活动环境的作用

校园环境文化作为学校的一个生态系统,其活动环境是指社团学术活动以及满足师生不同需要的文化娱乐活动等。文化活动是校园文化中最具特色的东西,是校园文化的生命力之所在。活动形成的校园文化,既是物质文化的动态表现,又是精神文化的具体体现,作为学生的主要场所——校园,其活动环境的创设是素质教育必须解决的一个极为重要的问题,是校园环境文化的重要方面,必须十分重视活动环境的创造和设计,以便发挥其独有的教育作用。

5.文化环境的作用

校园的环境文化通过教育者的组织和利用可以对受教育者产生耳濡目染、潜移默化、养性怡情、陶冶情操的积极作用。这种积极性的功能需要通过教育者的设计而体现。

校园环境文化的育人功能仅仅通过耳濡目染、潜移默化是不能充分发挥的,学校的老师,尤其是领导必须有意识地利用校园环境文化,甚至可以改变某些校园环境文化来为学校教育育人服务。校园环境文化对学生的影响主要有四个方面。

(1)校园环境文化影响学生的心理平衡。学生所受教育时间越长对学校环境文化要求就越高,依赖性也越强。校园已经由传授知识的单一功能体转变为集传授知识、培养能力、娱乐生活等一身的多功能体。学生来到学校不仅是追求知识,而且追求娱乐、追求生活、追求艺术。

学校的物质环境是否文化化、艺术化、实用化、舒适化、卫生化、优雅化、整洁化、安静化等等都会影响学生的心理发展。如果校园环境条件过于简陋、杂乱,缺乏现代文化气息和艺术雅趣,就会导致学生对学校的期望破灭,就可能产生严重的失重感觉。

(2)校园环境文化影响学生的价值观和行为。校园环境文化影响着学生对事物的看法从而使之形成自己的价值观念。同时,又制约着学生的行为,使之养成良好的行为习惯。

在一个整洁的校园内,学生是不会随地吐痰的;在一个幽静的校园内,学生是不会高声嘶叫的;在一个充满现代文化气息的校园内,学生是可以陶冶情操的。校园环境文化特别是其中的精神环境文化一经形成,就对学生的道德观念产生影响,反过来良好道德观念又会推动校园精神环境的优化,从而形成良好的学习心理和行为。

校园环境文化是通过感染、模访、从众、认同的心理机制,使学校全体成员在不知不觉中接受影响，引起个人心理和行为的变化，以求与校园环境文化趋于一致，达到学校育人的目的。

（3）校园环境变化影响学生的智力发展。校园环境文化是一个人化的环境，每一处、每一时都带有教育者对受教育者的目的要求，具有丰富的文化内涵，散发着多元化信息。所有经过精心设计的文化信息源，能够对学生进行有利、积极的刺激，从而促使他们智力的发展。"智商在丰富的环境与贫乏的环境中能够上升或下降并确实上升或下降了"。

（4）校园环境文化影响着学习的内容和方式。随着当今社会的不断进步，物质条件的改善，学校的环境文化需要越来越大，它所能负载的教学内容也越来越多，教学方法也多元化。现代信息技术进入学校，更增加了学校教学内容和教学方法的丰富性、多样性，因此，校园环境文化建设程度同样影响着学生的学习内容和方法。

（5）环境文化建设有着深远的现实意义。近些年来，各级各类学校都投入了大量的人力、物力、财力，加强了校园环境的绿化美化和设施建设，校园的环境文化建设有了很大的改观。

为适应新的人才培养目标的要求，各类学校都进行以学校内部综合改革，并把比较多的精力散到了校园精神文明建设上来，特别是对丰富校园文化生活给予了高度重视。这都是因为已经认识到了学校校园环境文化的创建对学生的健康成长的重要性。

学校的发展有着其独特的潜移默化的、深刻有力的影响作用。重视对校园环境文化建设是学校发展的需要。目前，有的校园环境文化建设中出现了令人担忧，必须引起高度重视的严峻问题。

有的校园环境文化受社会上特态化、商品化、通俗化文化的消极影响，逐渐丧失作为独立于大众流行文化的精英文化所独具的鲜明个性和特质，品位高雅的校园环境文化出现了表层性、世俗性倾向；随着群体意识的弱化，个性意识的增强和物态文化的诱惑，有的学校出现了理想追求的淡化和价值观念的紊乱；有的青年师生的思想观念和理论兴趣屡屡发生转移。所有这些现状，都不利于学校的发展，声誉的提高。

营造校园环境文化气息是学校思想教育的重要阵地。校园环境文化，它具有特殊而多样化的育人功能。如果说教师和学生是教育教学活动的主角，那么学校校园环境文化好比是他们活动的舞台，缺少这个舞台，师生的活动就失去了依托，并将直接影响教育教学活动的进程和效果。

6.文化环境的功能

概括起来说，校园环境文化在学校思想教育中表现出很多功能。

（1）凝聚功能。学校环境文化建设的核心是树立群体的共同价值观，通过它的影响力在青年学生中形成一种无形的向心力和凝聚力，把青年学生行为系于一个共同的理想信念和价值追求之上，从而在高

雅古典的精神生活中，陶冶健康向上的审美情趣和文化品格。

（2）激励功能。不同的校园环境文化会将教育教学活动导向不同的境界和水平，产生不同的育人效果。良好的校园环境文化，必然会出现"勤奋好学、积极向上"的校风，深刻地影响着师生的内心节操激发着师生的工作和学习热情，比起千遍万遍地说教方法，教育效果自然事半功倍。

（3）熏陶功能。学校按照审美的要求去加强对校园环境文化建设，这对学生的审美理想、审美趣味和审美观念的形成具有无形的熏陶、感染和潜移默化的作用。

（4）益智功能。校园环境文化对学生的智能发展具有促进作用。一般地说，丰富良好的环境文化因素刺激，可以促进智力发展，还能激发学生积极的情感，并以此为中介来促进智能的提高，特别是学习兴趣的提高。这些功能的发挥显示，学校校园环境文化是学校积极开展思想教育的极好阵地，必须加强重视和强化建设。

（5）素质教育功能。实施素质教育是一项复杂的社会系统工程，而学校是实施素质教育的主阵地。在这块主阵地中，创设校园环境文化是实施素质教育的极好舞台。学校要全面贯彻实施素质教育，除了各级、各班来共同创造一个良好的社会大环境之外，而需要营造学校这个小阵地。

营造好学校这块阵地固然是方方面面的，但校园环境文化是一块不可缺少的方面。因为，校园环境文化阵地可以培养学生的合作竞争能力，可以培养学生的创造性思维和创新精神，可以培养学生的艺术才华，可以增强学生的集体主义精神，可以增强学生的实践能力，可以减轻学生过重的学习负担，使其置身于一种自我教育、自我提高的境地，可以使学习在一种愉快教育、情境教育、和谐教育中健康地成长。

总之,从整个校园环境文化的创设过程中,离不开学生的参与。因此,学生的想象空间得到了无限的延伸,学生的创造思维得到了极大的发展,学生的综合能力得到了充分的锻炼。这种能让学生才华得到升华、能力得到培养、思维得到发展的校园环境文化创设实践活动,正是实施素质教育极好的内容,所以,学校必须重视对这块阵地的建设。

校园环境文化决不是单一的文化宣传阵地,它具有内容上的丰富性、范围上的广泛性、形式上的多样性。学校的教育者以积极地组织规划好这块环境文化阵地,从不同的内容出发,做到各自不同的要求,以便发挥其独立的教育效果,使校园环境文化在学校学风校风、领导力、人际关系、价值取向等方面,体现和反映学校的历史传统、精神风貌、校园特色以及目的追求、道德情感、价值观念、行为模式,从而营造良好的学校学习氛围,只要学校领导重视,面向学生全体,不断创新,校园环境文化进取就一定能够发挥出其特有的不可估量的教育效果和重要作用。

教学环境的设计与优化

教学环境能否有效地发挥其功能，决不是随意的或自发的，而是取决于是否对它进行合理的设计和优化。因此，学校应根据一定的理性原则，应用现代理念，对教学环境进行合理的安排和控制，并且持续地加以优化，从而使教学环境发挥积极的功能，防止消极影响，以建构教师、学生、内容和环境有机整合的新型课程与教学系统，达成既定的教学目的目标，提高教学质量。

教学环境设计的意义

设计是人类特有的行为特征之一，人们从事任何有意义的活动都要进行一定的设计。同样，教学环境的建设也离不开教学环境的设

计。

所谓教学环境设计,就是指为了创造或改善教学条件,对教学环境进行的整体或局部的规划、组织、协调和安排。教学环境设计涉及的范围很广,既包括学校物质环境设计,也包括校园心理环境设计;既涉及到校址选择、校舍建筑和校园规划等一系列宏观的设计工作,也涉及到课桌椅的配套和教室内灯光的安置等一些微观的设计工作。概括说来,教学环境设计有几个方面的意义。

1.规定学校面貌和审美风格

大量的教学实践表明,追求教学环境的美观、和谐,是学校环境建设的主要目标之一。学校的校园环境是否美观大方,在很大程度上取决于教学环境的设计工作。

不同的设计思想一旦付诸实践,就会导致不同的环境格局和建筑风格的出现,并且长期地存在和发生影响。成功的设计无疑会为人们带来一个和谐美观的学校环境,而失败的设计则会造成学校环境不可弥补的缺陷。因此,教学环境设计特别是教学建筑的设计要有长远的眼光,并且要谨慎从事。

2.影响教学环境功能的发挥

教学环境具有多方面的功能,对学生的学习活动、身心健康、审美情趣、思想品德和社会化程度,对教学活动的顺利进行和教学质量的提高,都具有深刻的影响。在实际教学工作中,教学环境的这些功能能否发挥以及发挥程度高低,受多方面因素的制约,其中最重要的因素之一就是教学环境的设计。

教学环境设计不同于一般的建筑设计或单纯的环境设计,教学环境是专门的育人场所,教学环境的设计除了遵循一般的建筑设计的要求外,还必须遵循一些特殊的要求,体现一些特殊的价值。

这就是,在具体的实施过程中,教学环境设计必须将教育规范和建筑规范有机地结合起来，将学校教育的各种价值渗透在教学环境设计中，也就是把教育的语言和信息转换为建筑的语言和信息，使学校环境和教学建筑能体现一定的教育价值和教育要求，从而发挥出环境育人的基本功能。

3.影响学校教育目标的达成

教学环境的优劣与学校教育目标的顺利达成密切相关。一个有利于学生身心健康发展，有利于教学活动顺利开展的优化的教学环境，必然会极大推进学校教育目标的达成；而一个拥挤零乱、昏暗嘈杂的教学环境则不仅不利于教育目标的达成，而且还会直接损害学生的身心健康。

正是从这一意义上说，教学环境设计对学校教育目标的达成发生一定的影响。这种影响不是直接的，而是以教学环境为中介实现的。

教学环境设计基本原则

教学环境是一个由多种要素构成的复杂的整体系统，教学环境与教学活动息息相关，环境的优劣直接影响着教学活动的进程。为了最大限度地发挥教学环境的积极功能，降低教学环境的消极影响，就必须科学地设计教学环境。

教学环境设计的基本原则，就是指在设计教学环境时必须遵循的基本要求。结合教学环境的特点和功能期望，一般来说教学环境的设计需要遵循一些基本原则。

1.整体性原则

这一原则要求学校在设计教学环境时，要从整体上对教学环境的各个方面进行调整和规划，以便把各种环境因素有机地协调为一个整体，发挥最佳效益。

尽管构成教学环境的因素复杂多样，但是教学环境是作为一个整体发挥功能的。因此，在设计教学环境时，教育行政人员和教师应当密切合作，统筹安排。既要重视校园物质文化环境的设计，又要积极创造良好的校风；既要改进领导方式，又要革新师生关系，改革教学结构，更新学校组织结构等。

只有树立全局观念，从整体出发，才能使各种教学环境因素协调起来，使教学环境向着有利于促进学生身心健康和提高教学质量的方向发展。

2.针对性原则

这一原则要求学校在设计教学环境时，要针对特定的教学目的有意通过或突出教学环境的某些特性，形成特定的环境条件来影响学生，促进学生的身心发展。

人在改变环境的同时，环境也在改变着人。为了达成特定的教学目的，根据具体的情况，可以适当突出或增强环境的某些特性或要素，有针对性地教育学生。如有些学生因人际关系不良而影响其学

习，那么教师就需要特别注意同这些学生建立民主平等和谐的关系，使学生在热情、温暖的氛围中，激发起强烈的学习兴趣，这就有利于他们取得进步。再如，在讨论课上，将课桌摆成圆圈，可以增强讨论的气氛，提高讨论效果。

当然，在运用这一原则时，教师必须周密安排，确定相关的教学目的，不能随意行事；同时，还要认真分析面临的具体情况，不能生搬硬套，否则就可能事与愿违，达不到预期的教学目的。

3.转化性原则

这一原则是指在设计教学环境的时候，要对各种经验和信息进行一定的选择转化，使之积极地促进学生的身心健康，尽可能地消除不良影响。

当今社会是一个信息化的社会，更是一个价值多元的社会，学校不可能孤立于社会而存在，必然受到社会环境的多方面的影响。

青少年社会经验少，识别、辨析能力差，往往不易正确地分辨和选择，有可能对积极的信息和价值持怀疑甚至排斥态度，而对消极的信息和价值笃信不疑。

因此，在设计教学环境时，教师要根据学生身心发展的特点，对涌入学校的各种信息和价值进行及时的调节和控制，并加以适当地选择转化，将自发的信息和价值影响转化为学生可接受的有目的的信息和价值影响，培养学生分辨信息和价值的能力，自觉抵制不良信息和价值倾向的影响。

4.校本性原则

这一原则要求学校在设计教学环境时，不能脱离本校的实际情况，在充分利用学校已有的有利条件的基础上，做好教学环境的建设。

一般说来，不同地区、不同学校在环境条件上是有差别的。但是，任何学校在环境方面又都有自己的特点和优势，充分发挥和利用自己已有的环境优势，就有可能推动整个学校教学环境的改善。

如南方的学校可以利用雨量充足、空气湿润等自然优势，在校园里广植花草树木，绿化校园环境，用自然美来陶冶学生；革命老区的学校可以利用当地光荣的革命传统对学生进行革命理想教育，以促进良好校风、学风的形成等等。

即使处于同一地区的学校，也因其客观的地理地貌、历史传统的不同，而有不同的特点和优势，因此教学环境的设计只能从实际出发，以校为本，突出优势，扬长避短。

5.主体性原则

这一原则要求学校在设计教学环境的过程中，要充分重视学生主体的作用，培养他们自控自理环境的能力，使学生自己学会控制和管理教学环境。

教师是教学环境的主人，学生同样是教学环境的主人。教学环境的改善和建设离不开学生的主体参与、支持和合作。如良好校风和班风的建设、环境卫生的打扫和保持、校园的绿化和美化、教室的布置以及学校纪律和秩序的维护等，都与学生紧密联系在一起。

正因如此，在设计教学环境的过程中，教师应充分调动学生的主动性和积极性，培养他们对教学环境的责任感，提高他们控制和管理环境的能力。惟其如此，良好的教学环境的创建才能得到最广泛的支持，已经形成的良好教学环境才能得到持久的维持，教学环境将会在学生自觉自愿的不懈努力中更加和谐和美好。

优化环境的依据和理念

优化教学环境的依据

所谓教学环境优化,主要指根据某些特定的要求,对教学环境的各种因素进行必要的选择、组合、控制和改善,选取环境中各种有利因素,限制或消除各种不利的环境因素,实现教学环境的最佳状态,最大限度地发挥正功能,保证教学活动的顺利进行。具体说来,优化教学环境应考虑几方面的要求。

1.外部环境的变化

外部环境也就是通常所说的"大环境",它包括国家的政治环

境、经济环境、文化环境和民族心理环境等。外部环境是影响学校教学环境的"大气候",外部环境发生的任何变化都可能成为影响或改变学校教学环境的客观力量。

根据外部环境的变化优化教学环境,首先要把握时代发展的脉搏,充分利用社会中的各种因素,创建良好的教学环境;其次,要采取辨证的态度分析社会大环境,对不良因素作必要的转化和诠释;再次,要采取各种必要的措施,预防和抵制各种不良社会风气和因素对教学环境的渗透和侵蚀,做到防患于未然。

2.学校培养的目标

学校培养目标是学校各项工作的出发点和归宿,它具体规定着人才培养的规格和质量要求,反映着学校教育的基本规律和发展方向,从而也就指明了优化教学环境的方向。所以,优化教学环境,要体现学校培养目标的基本精神实质和基本要求。

3.学生身心发展特点

人的身心发展离不开良好的环境。学校是专门的育人场所,一切都应以促进学生的身心发展为宗旨,能否遵循学生身心发展的特点和规律就成为优化教学环境的一个基本出发点,同时也是检验教学环境良好与否的重要标准之一。

4.学校的具体情况

教学环境的优化,主要是指在学校现有条件下达到的教学环境的一种最佳状态,它并没有一个绝对的标准和固定的模式。农村学校没有必要抛开自身的特点去照搬城市学校经验,而中西部落后地区的学校也没有必要盲目模仿沿海发达地区的学校。

教学环境的设计要以校为本,突出自身的优势,教学环境的优化同样需要如此。只要不同的学校能充分考虑和利用本校的现有条件,不断改善教学环境的面貌,就都可能建成具有自己特色的良好教学环境。

5.教学情境的要求

教学环境的优化是一项复杂的工作，它不仅要考虑到对整体环境的宏观控制，而且要注意对局部环境的微观调节。

课堂教学环境是学校教学环境的一个重要组成部分，由于课堂教学情境具有即时多变的特点，偶发事件随时发生，教师就必须时刻注意把握教学情境的变化，并根据教学情境变化的需要对各种课堂环境因素进行必要的调节和控制，以使课堂环境保持有序、稳定的良好状态。

教学环境优化的新理念

就当代意义来说，教育、课程以及教学，作为特殊的文化，其实质是人的学习生命存在及其优化活动，教学环境的优化，理想目的就是建构教学环境与人的学习、生命以及活动的亲和性。

这就规定了，教学环境的优化，实质上就是要将选自文化的内容转化到环境之中成为环境之中的"特殊条件"，同时将人的学习性、生命性和活动性"融化"到教学环境之中，成为教学环境的"灵魂"。而人的这些特性，不仅表现在学校里，还表现在家庭里和社会中，不仅实现在教育思想和体制层面，更是实现在教育和课程的"实践状态"层面，而且它们的表现和实现，在空间上是整合的，在时间上是一体化的。

所以，当代教学环境的优化，应当建立"学习化"、"自我体验"、"活动化"、"大教育观与大课程观"和"教育以及课程整合观"等新理念。

1.学习化的理念

现代教学环境的显著特性是"学习化"，教学环境的学习化理念，就是通过优化和设计，使教学环境的各种因素具备与人的学习特性的亲和性。

（1）使教学环境成为人学习潜能实现的优化条件。学习涉及人的行为潜能，或者说学习就是人的特殊潜能。学习是人的一种天性，学习是人与生俱来的潜能，每一个体均具有可以进行学习的能力，均具有学习的可能性，均具有潜在的学习能力。教学环境的优化，就是使学习兴趣从动机转变为行为，使学习潜能从可能成为现实。

（2）使教学环境成为人个性化学习的优化条件。学习时个体自身必然产生某种变化，通过学习，个体会在行为、知识、经验、技能、能力、情感、习惯、品德等方面产生一定的变化。个体总是独特的，这种变化在不同的个人来说，可能是各有侧重的，可能是对传统的继承，也可能是对环境的吸纳，还可能是一种创新。教学环境的优化，就是要满足不同个体的不同学习需要。

（3）使教学环境成为学生学习的"天堂"。教育情境中的学习，是以学生学习为中心的，教师的学习以及管理者的学习型组织不是自为的，而是为学生学习的；不仅如此，就是教师的教授和管理者的管

理，也是为学生学习服务的。学生的学习状态和结果，是评价教师教授与学习、管理者管理与学习的基本依据和根本标准。

（4）使教学环境成为学生实现终身学习和发展的优化条件。心理学揭示，学习与发展是密切相关的，学习是发展的基础，学习的目的是更好的发展。深入地分析，个体的发展，也就是个体与环境的"同一性"的形成和实现，根本途径是人的学习。人的发展过程，实质就是学习过程，人的终身发展实质就是人的终身学习。因此，从个体发育史的角度看来，现代人的终身发展，要求人进行终身学习，进而必然催生出立足和落脚于终身发展和终身学习的学习化教学环境。

学生的被动学习是由"他我灌输"的教学及其环境导致的，要真正实现学生从被动学习状态转变为主动学习状态，就需要将教学环境建构为学生学习的"自我经验"的实践环境。

文化哲学把生命的实质理解为一种"自我经验"。所谓"自我经验是把变化带入我们的生活过程。"它实质上包括着由"自我感觉、自我估计和自我判断"所构成的"自我认识"，"这种认识决定了我们对生命的立场以及对他人的态度。"

自我经验常常会打破尘世经验的局限，引发我们内心深处的原始动力，由不经意的经验引起许多新的自我经验。人在生活中引起自我经验常常采用"向内审视"的"自我陶醉"的方式，或"扮演各种角色"的"积极的表达形式和行为方式"。"自我经验的实践所依据的是一种信念，那就是发现和承认自己的想象和愿望会导致'真正的我'的突破和'自我实现'。"

把学习过程等同于"自我实现"，肯定是不全面的。但是必须承认教育和教学过程与目标，只有通过学生学习的"自我实现"才能真正达成，而自我实现就是"自我经验"的过程。

因此教学环境优化，仅仅达到"学习化"是不够的，还需要深化

到人的学习的"自我经验"的层面。美国教育家杜威曾经着重指出，经验是一个兼收并蓄的整体；他格外强调和看重的是，经验是主体与客体之间、有机体与环境之间的相互作用，经验具有能动性。他指出，儿童的本性是在活动中适应环境，不仅仅是顺应环境，还有改造环境。

由此深入地分析，儿童与社会、兴趣与训练、秉性与教养、知识与行为都是统一的，统一在经验、活动之中。由于原有的环境是庞杂的，办学校实质就是要造就一种特殊的环境。

这样，学校就至少有三种功能：第一，简化环境；第二，使社会风俗纯化和理想化；第三，创造更全面的平衡的环境。这样的功能要求教学环境的优化，必须实现教育经验化或学习经验化。

有的学校缺乏杜威所提倡的教育经验或学习经验的概念或观念，教育"内容"一直被当成与人分裂甚至对立的、需要从外部灌输给儿童的东西，因而内容逐渐地成了异化物，为教育过程中的学习者所厌恶。

为了解决这样的问题，教学环境的优化，需要变革组织方式和实施样式，把教育内容转化为教育经验或学习经验。

所谓的学习经验，在这里意味着，教学环境的优化，不仅要进行文化内容选择，而且要以一定的方式和样式使教学环境渗透着学习经验。泰勒曾经给学习经验下过一个经典的定义："学习经验指学习者与其能对之产生反应的环境中的外部条件之间的相互作用。"

这就需要教师在教学环境优化中，选择的内容是与学习适应的，创建的教学环境是能激发和维持学习者学习兴趣的，并且将内容整合到教学环境里的各种因素及其相互关系之中。惟有这样，内容才能转化为学习经验，并与学习者产生相互作用。

从内容到学习经验的转化，关键是与人的注意、兴趣和想象相适应。这样，教学环境的优化，在"自我经验"的方向上，就可以有三种基本策略：首先是依据注意的规律，使教学环境的因素及其结构，在声色光以及形状上能够"长久"地"引人注目"；其次是依据兴趣心理学，使教学环境里的各种因素"闪烁"着激发、维护和滋养学习兴趣的"亮光"；三是依据想象心理学，使教学环境里既充满刺激人的想象的各种因素，又具有放飞人的想象的各种"空间"。

这样，教学环境就成了人在活动中自我感觉、自我估计和自我判断的"人的学习世界"，成为人实现"自我经验"的场所，从而成为"使人成人"的真正的教育环境。

3.活动化的理念

在文化意义上，活动是生命的本质所在；在教育文化的意义上，学习活动是人的学习生命的本质所在。有的教育被"知识授受"的"死"程式所主宰，教学环境也被"教条化"，充斥的是各种"冷冰冰"的"说教"理念，活动以及学习活动被忽略，即使有也仅仅成为一种"点缀"，学习的思想被放逐或禁锢，学生在沉重的压迫下，学

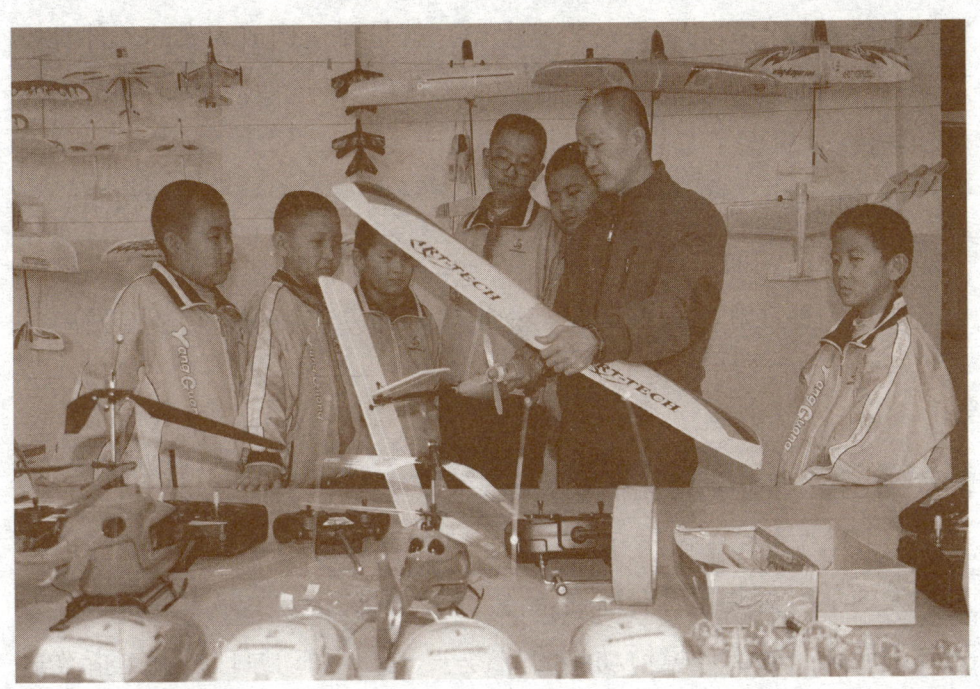

习的天性被遮蔽，从生就热爱学习被转变为讨厌或厌恶学习。

教师要把"活动或学习活动"还给教育、课程与教学，让学习者在"活动或学习活动"中，实现自身的"成人"的需要和"发展"的本质。教育、课程与教学的活动化，需要教学环境也活动化。

研究揭示，活动分为外部活动和内部活动。从发生的观点来看，外部活动是原初的，内部活动起源于外部活动，是外部活动内化的结果，内部活动又通过外部活动而外化。这两种活动具有共同的结构，可以相互过渡。

人的活动的基本形式有三种，游戏、学习和劳动。这三种形式的活动在人们不同发展阶段起着不同的作用，其中有一种起着主导作用。例如在学龄前，儿童的主导活动是游戏；到了学龄期，游戏活动便逐步为学习活动所取代；到了成人期，劳动便成为人的主导活动。不过，这三种活动又是连为一体的，游戏是学习化和劳动化的，学习也是游戏化和劳动化的，而劳动则也是游戏化和学习化的。

教学环境的活动化，从根本上说，就是要建构成为人的外部身体活动与内部心理活动的场景，建构成为可以开展游戏、学习和劳动的活动场景。

文化的基本原理是，人通过"劳动"或"劳作"乃至"休闲"或"娱乐"等活动而创造或创新文化，这样的活动实质就是在人以物的方式表现、存在和发展的同时，物也以人的方式表现、存在与发展。所以在文化哲学的意义上，活动就是"人——物"之间、"物——物"之间以及"人——人"之间三大互动关系的实现。因此，在这样的意义上教学环境活动化就有三条基本原理：

（1）"物——物"互动原理。只有在"物——物"互动的环境里，人的学习活动才具有前提条件。物质内核实质上是人的特定行为方式的凝聚，教学环境活动化的"物——物"互动原理，就是指教学环境中的各种物质因素、设备、形式和样态，以人的学习的方式而表现、存在和发展，教学环境的优化可以使物质因素以人的学习行为方式加以设计和表现。教学环境的"物——物"互动一般有两个层面。

第一个层面是教学环境中的各种物质设备及其关系，为了学习的实现，在时空上是动态互换的。比如教室里的黑板以及桌椅板凳是活动式的，可以随学习活动的需要而改变位置和结构；校园里的花木草藤，可以尽量盆栽，花色品种多样化，可以随季节和学习活动而加以选择利用；还有楼房以及艺术品等，应该尽量保留和展现历史的"轨迹"等。

第二个层面是教学环境中的各种物质因素之间，应生成内在的"互动"关系，产生"相映成趣"和"相得益彰"的效果，这就既需要进行教学环境布局和结构的科学设计，又需要进行教学环境格调和效果的审美构思。

（2）"物——人"互动原理。只有在"物——人"互动的教学环境里，人的学习才能得以实现。"物——人"互动有两方面的涵义。

第一方面，物质环境的构思、设计和建设，必须合乎人的学习活动需要，使人一置身其中，学习兴趣就被激发而"跃跃欲试"。众所周知，实验室和体育场地的设备，使得学生一置身其中，就"大脑兴奋"、"手脚发痒"，急不可待地就投入了学习活动之中。这启示着教育工作者们，教室必须打破"上白下绿"、"台上台下"、"挂像肃穆"、"题词严谨"的清一色格式，转换为"多姿多彩"、"美轮美奂"的学习大舞台。

第二方面，师生在学习准备、设计、实施和评价过程中，应自觉地并充分地挖掘物质环境中的各种潜在的学习活动因素及其功能，使之为学习活动所用。师生都应该改变过去形成的与教学环境不相干的观念，超越那种"了然一身"的"穷光蛋"的感觉和意识，去拥有整个教学环境,不断地充分开发环境,使之成为自己学习取之不尽、用之不竭的资源。

(3)"人——人"互动原理。营造"人——人"互动的教学环境,可以有效地促进和提升人的学习。教学环境里的"人——人"互动涵盖面很广,包括校园里各类人员之间的互动,学校、家庭与社区各类人员相互之间的互动,其中主要是师生互动、教师间互动和同学间互动。

"人——人"互动,分为直接互动和间接互动两种类型。在物质文化越来越发达、越来越丰富的当代,教学环境中的"物——物"互动和"人——物"互动越来越繁荣,而通过媒介进行的"人——人"间接互动也越来越丰富,但是,"人——人"直接互动则越来越衰微,特别是"师生互动"越来越困难。在教学环境优化中,采取各种各样的形式促进、扩展和加深"人——人"互动,特别是繁荣"师生互动",是一个具有重大意义的发展方向。

4.大教育观大课程观

在教学环境的优化上,需要超越学校教育或班级教育的局限,超越

学校课程或学科课程的局限，建立起大教育观和大课程观的理念。

在大教育观的意义上，教学环境的优化，一方面要形成学校教育、家庭教育和社会教育有机联系。另一方面，既要优化学校教学环境，同时要优化家庭环境和社区环境，把三者的优化纳入教学环境的设计、建设和应用过程之中。

在大课程观的意义上，教学环境的优化，有三层涵义：一是要对教学环境优化进行课程设计，把大教育观从思想、体制的层面具体落实到实际运作的课程层面；二是把课程和隐蔽课程从已有的学校性限定中解放出来，建立家庭教育课程和社区教育课程体系；三是对学校环境、家庭环境和社区环境进行一体化和整合的隐蔽课程设计。

5.整合观的理念

教育整合观，就是在大教育观基础上，在教学环境优化中，把学校教学环境、家庭环境和社区环境的各种因素进行筛选优化和设计，整合为积极的一体化的教学环境，形成师生学习发展的全面的良好条件。课程整合观，就是在大课程观基础上，在教学环境优化中，把学校课程与家庭教育课程、社区教育课程，把正式课程与隐蔽课程进行整体设计，使它们对师生的学习产生积极的和一致的作用，在实际运行的层面上，使教学环境与正规教育和正规课程对师生的学习影响达到最佳的亲和程度。

优化环境的途径和方法

教学环境的优化与教学环境的设计密切相关，设计本身也包含着一定的优化思想，而优化本身也是一种设计。但是，教学环境的优化又与教学环境的设计有所不同，教学环境的优化更多地强调在现有条件下通过变革教学环境诸要素的构成方式，从而取得最佳效果。

完善教学目目标

人类在改造自然和社会的活动中，往往仅仅考虑达到目的的手段，而不注意对活动目的本身的反思，最终造成人自身的异化。教学活动是人类特有的社会实践活动，其对象是人本身而不是其他，更需要注重活动目的目标的完善。

在具体的教学活动中，学校首先要检察自己的目的目标是否完善，这是优化教学环境的首要前提。

优化社会大环境

在现实中，学校教学活动往往受社会大环境的抵制，特别是在社会转型时期，人们的思想意识、价值观念等都在发生巨大的变化，不能否认在此过程中出现了许多消极影响的思想、观点和言论，而这对有些学校的教学活动有着极大的冲击，使学校教学活动目的的实现受到影响。

因此，社会各界应共同努力为教学活动营造一个良好的社会氛围。但是，教学活动总不能等到社会环境完美无缺的时候再进行，而应发挥自身改造社会环境的作用,为净化教学环境做出应有的努力。这就要求学校必须采取有效措施抵制社会不良风气的影响,强化学校教学活动的影响力。

改善学校物质条件

学校物质条件是学校教学工作赖以进行的物质基础,是学校生活的物质载体。

事实上,学校的物质基础首先是一个完备教育过程的必不可少的条件;其次,它又是对学生精神世界施加影响的手段,是培养他们的观点、信念和良好习惯的手段。

毫无疑问,创建良好的物质环境是教学环境优化的重要内容。尽管在经济落后的情况下,学校物质条件不可能得到很快的改善,但是师生可以通过对校园的精心设计和绿化、通过对教室的布置,使学校物质环境得到美化和优化,使教学环境体现出崇高的教育意义和审美价值。这对于优化贫困地区中小学教学环境有着更大的启发和意义。

优化教学过程

有完善的教学活动与和谐的校内外环境，而没有优化的教学过程、教学活动，提高教学质量只能是一句空话。

优化教学过程，实质上也就是协调好教学微观环境诸因素间的关系。例如，筛选、组织和利用好各种信息，使其成为适宜的教学内容；依据教学内容和学生身心发展特点和规律采取恰当的教学方法；善于处理教学过程中出现的新情况和新问题，及时做出机智的调整等等。

总体上看，可以从两个方面优化教学过程：第一，就教学活动的构成要素而言，要优化这些要素间的关系，以保证教学结构的合理和正常功能的发挥；第二，就教学活动过程而言，要使各要素间的衔接紧凑自然，反馈顺畅，而且要有足够的灵活性，以便全面实现教学活动的目的。

优化教学评价

教学评价在优化教学环境中的作用不可低估。

教学评价一方面是对教学活动成果进行评判，另一方面又因其价值导向的功能而左右着教学活动的发展方向。优化教学评价，就是让教学活动更为规范和理想，也就是使教学活动有利于学生的和谐发展，有利于教学环境整体功能的全面发挥。

在现实教学实际活动中，教学评价存在的问题，恰恰是导致教学环境失衡和教学活动低效率的重要原因之一。学校必须克服教学评价中存在的许多问题，如评价手段单一、简单；评价标准呆板、缺乏弹性，过分强调整齐划一；重终结性评价而轻形成性评价等。所有这些问题，都明显地相悖于教学环境平衡的要求，其最终结果会降低教学活动的质量。

校园环境的日常管理

校园环境管理是学校工作的一个重要组成部分。相关规定指出，学校要特别重视校园环境建设，搞好校园的绿化和美化，搞好校园文化建设，形成良好的育人环境。

学校不仅是学生生活、学习的重要场所，也是学校教职工工作、生活的场所。一所学校的环境如何，不仅深深地影响着每一名学生，也同样深深地影响着每一位老师。学校环境不仅代表着一所学校的风格、精神面貌，更是一所学校管理质量和水平的直接体现。

学校环境分类

校园环境主要包含两种类型的要素。

1. 校园硬环境

指如建筑、设施、设备等看得见、摸得着的物质环境。

2. 校园软环境

指校训、校风、校纪、校园文化、师生心理环境等,这些因素虽看不见、摸不着,但置身其中的每个人都能体会、感悟到,并深深影响着每个人。

因此,学校的校园环境建设既要重视打造合格、规范、布局合理的现代化硬环境,更要重视营造自尊、自信、平等参与、乐观向上的软环境。

学校的硬环境和软环境是相互配合的,当硬环境存在某种不足时,则更要重视发挥软环境的作用,某种程度上能弥补硬环境的不足。但是,软环境的作用是硬环境所无法替代的,学校应该充分重视并发挥软环境的作用。

无障碍校园环境

无论硬环境还是软环境,学校环境建设的最大特点都应达到无障碍化。无障碍校园环境包含两层涵义。

1. 校园物理空间的无障碍

其实质是构建无障碍的校园硬环境。关于这一点,既有比较多的相关规定,也容易引起学校管理者的重视。如学校根据其教育对象的特点和需求,大到校园建筑设计、教师布置、学生生活场馆,小到学生的教具、学具等,无不特色鲜明。

2. 校园心理环境的无障碍

其实质是构建特殊教育学校良好的文化氛围。学校的校园文化应充分体现尊重、平等、接纳等人本主义精神,构建这样的校园文化,有助于建立起师生之间、学生之间以及学校管理者和教师之间和谐、融洽的人际关系。

这种校园心理环境氛围，首先使学习、生活在校园中的学生感受到愉悦、平等、尊重、安全，这不仅有助于减缓学生由于缺陷等原因而带来的压力、自卑、焦躁等不良情绪，减少问题行为的发生，更有助于学生正确面对自身的缺陷，保持良好的情绪状态，养成坚毅、乐观、自信的个性品质。学生的健康成长，也会赢来家长对学校的信赖和支持。

其次，教师在独立承担特定的教育教学任务的时候，非常需要来自同事、领导、学生家长等不同程度的支持和帮助，他们也需要这种平等、友好、合作、探究的无障碍心理环境。在与同事进行积极有效的沟通过程中，教师之间既能交流经验，也缓解了面对工作挑战而引发的心理压力。在一个团结、协商、合作、钻研的教师集体中成长，每一位教师的心理是积极的、健康的，在面对各种挑战的时候，他们才不会感到孤单和无助。

总之，良好的校园环境在培育儿童健康成长方面具有重要作用。儿童在积极健康的校园环境中耳濡目染，有利于其形成良好的思想品德和行为习惯。

良好环境能起到陶冶情操、激发兴趣的作用，有利于少年儿童的身心康复。同样，良好的校园环境对教师的影响作用也是巨大的。学校应重视校园环境建设，加强校园环境管理，发挥环境育人的作用。

校园人文环境的建设

良好的校园环境对学生实施素质教育有重要意义，是构建和谐校园的重要标志之一。校园环境包含自然环境和人文环境。自然环境指各种教学设施、校园的绿化美化，它是校园环境建设中的基础。自然环境中如果没有人文精神的体现，没有赋予文化教育内涵，没有达到人与自然的和谐统一，就会失去原有的价值。

人文的校园是一种示范，是一种无声的教化，是一种远大理想的催化，是一种蓬勃向上的精神激发。充满人文的校园，无不蕴藏丰厚

的文化内涵，它将很好地影响学生的整个人生。

同时，应不断加强教育科研，广泛学术交流，全面提高教育质量，全力打造具有自身特色的品牌学校，提升校园内涵。

文化气氛浓郁的校园环境，学生漫步其中能自觉品味和感受校园的人文气息，感情激荡，知识内化，从而净化心灵，修身养性，树立崇高信念，确立高远的目标追求和正确的人生观、价值观。真正明白学习的目的意义，学会做人，懂得宽容，与人为善。自觉地加强文化修养，告别低级趣味、修正自己的言行举止，陶冶人性，形成健全品格，激励其健康成长。

人文环境是体现高校人文精神、文化生活及氛围的外部条件的总和。只有加强校园人文环境建设，让学生感受到有催人奋进的动力、和谐向上的精神时刻激励鼓舞自己，才能逐渐形成一个充满活力、充满诚实守信、公平正义、充满安定团结、人与自然和谐统一的校园。

存在的问题

每所学校都有严谨的治学方针、深厚的文化积淀和丰富的人文精神，为国家培养优秀人才。有些学校的人文环境建设没有得到充分的重视与发展，因此在学生身上反映出很多问题，成为校园中不和谐的音符，给和谐校园的建设带来了阻力。

1.人生观缺失

在经济全球化和社会信息化的时代，由于各种文化的相互碰撞及西方不良文化思潮的侵入，使部分学生存在着政治信念迷茫、理想信念模糊、价值取向扭曲的现象。导致思想不要求进步、没有进取心、上进心。

2.公德意识薄弱

不文明行为和举止在校园经常可以见到，例如学生之间交往举止不得体；浪费水、电、粮食等；酗酒打架；在教室寝室里大声喧哗；

随地吐痰；乱扔杂物；不爱护树木草坪等现象，没有树立起良好的公德意识。

3.学习态度不端正

部分学生没有明确的学习目的，对其失去兴趣，对待学习怕苦怕累，有懒惰思想，为了毕业而不得不学，根本谈不上对知识的巩固、加深和理解。更有甚者整天迷恋于网吧，染上社会上的不良习气，连学业都不能完成。

4.团结协作不强

部分同学虽然学习成绩很好，但不关心集体，我行我素，很少参加集体活动。没有共同进步、共同发展、取得最终成功的意识，缺乏相互尊重、相互爱护、相互理解、相互帮助、相互支持、相互勉励的合作互助精神。

建设的思路

校园人文环境对于陶冶学生情操，形成健全人格，提高人文素质至关重要，是和谐校园的重要组成部分。校园人文环境虽然是隐性的、精神上的，但它可以通过一些载体而完成对教育者的教育过程。这些载体主要是：学生的活动场所、学生的文化生活、学生的行为习惯、学生的管理创新意识、教师员工的教育素质等。加强校园人文环境载体的建设可以营造良好的校园人文环境。

1.提升小院内涵

加强校园文化建设是提升校园内涵的重要方面，是提高校园文化品味的重要措施，学校应在净化、绿化、亮化、美化的基础上，加强和注重校园文化建设。

以科学发展观的精神，站在时代高度，具有前瞻性和创造性地审视、定位学校发展，对校园进行精心设计，配置人文景观：修造文化墙、建文化长廊、装饰地面图案、配栽奇花名木、造假山曲径……使之符合校园实际，摆脱俗气，呈现高雅，具有自身特色。

让景观、图案与环境遥相呼应、协调统一、表情达意；让每一棵草木蕴含寓意；让每一个景点启智明理；让环境透射人文气息，使校园环境人文化。

2.教师率先垂范

加强人文的宣传教育是人文精神的摇篮，教师是人文思想的传播者。校长是学校发展的引路人，首先应具有全新的育人理念和较强的人文意识。同时，应具有加强校园文化建设、增强校园人文性、提升校园内涵的决心和实际行动。

以校长的思想、行动感染全校师生，加强宣传教育，烘托出人文气氛。召开全校师生动员大会，发出弘扬人文、追求卓越倡议，大张旗鼓地利用广播、标语、橱窗、黑板报等广泛宣传；请专家、教授、民间艺人到校作专题报告、专题演讲，烘托出崇尚科学、弘扬人文的环境气氛。

教师率先垂范在全校掀起轰轰烈烈的弘扬人文、营造人文环境的活动，让全体师生都积极主动地投身于这个高雅地活动中来。

3.创设活动场所

注意学生活动场所的创设。对学生活动场所进行文化创设，可以使学生受到潜移默化的人文环境的熏陶。比如通过定期举办主题鲜明的宿舍艺术节，将思想性、知识性、文化性的内容引入宿舍文化建设中，营造健康向上的宿舍文化。在活动中学生通过积极思考、寻找素材、亲自动手布置环境不仅充实了自己而且陶冶了情操。

学生餐厅不仅做到适用、洁净、美观，还要融文化教育为一体，有条件的学校应在餐厅安放电视，让学生及时了解到国内外大事；扩展餐厅用途，其他时间可以当作阅览室对学生开放，让学生感受到身边浓郁的文化氛围。

其他学生活动的场所也应赋予文化内涵，把办学特色和学校人文精神融于时时处处，让墙壁说话，让花草赋诗，让格言警句时时处处显现，启迪学生智慧，美化学生心灵，充分体现活动场所给学生的教育作用。

4.提升文化活动

学生的各种文化活动应该以陶冶大学生的情操为重点，坚持以爱国主义教育为核心并要充分体现时代特点，减少单纯娱乐性的内容，避免颓废、消极的内容出现。

除了在重大节庆日举办主题鲜明的校园文化活动，平时也应举办丰富多彩、生动活泼的文体表演及各种竞技比赛，多领域的学术报告，增加学校文化氛围。另外要加强对学生社团的规范管理和正确引导，提高社团活动质量，提高学生自强、自立和开拓创新的能力。既要促进学生个性发展，又要促进校园文化健康发展，增加社团在学生中的影响力。

还有应该加大学生文化活动的覆盖面。有统计数据表明，只有大概40%的学生参加过学校组织过的各类活动，很多同学不亲自参加活动。因此，学生的文化活动必须贴近生活、贴近实际、贴近学生，给每位同学提供施展才华的空间，组织学生积极参加各类活动，并把这作为第二课堂系列活动之一，提高学生文化素质和创新能力。

5.培养良好习惯

学生正处于成长发育的关键时期，无论思想还是行为都不成熟，良好的行为习惯不仅对世界观、人生观和价值观的形成起推动作用，而且良好的行为习惯置身于学生言行中，影响带动其他同学提高品德修养，促进优良校风班风学风的形成。

良好的行为习惯不是一朝一夕就可以养成的，它是一个长期的系统的工程，如何贯彻学生行为准则是关键，可以通过加大宣传教育力度、定期组织学习、量化行为准则、亲自参与管理、进行检查评比等方式培养学生良好行为习惯的养成。

使学生能够养成自觉遵规守纪、自主学习、自我管理的习惯和良好的劳动、卫生习惯和文明礼貌习惯，帮助形成良好个性品德。促进人与人、人与校园的和谐相处，使校园文明有序，充满活力。

6.提高创新能力

提高学生的自我教育、自我管理、自我约束、自我服务、自我创新意识和能力，可使学生增加对学校人文精神的认同、理解和支持，使人文精神按照学生需求的方向发展，消除抵触情绪，使学生和学校和谐统一，帮助形成校园良好人文环境。

通过建立并充分发挥"学生自我教育管理委员会"，可以使学生对不文明行为进行督导；对思想有问题的学生进行开导；对学习成绩差的学生进行帮助；对生活有困难的学生进行帮扶。"自管会"是学生自己的组织，生活学习在学生当中，可以及时发现身边出现的任何

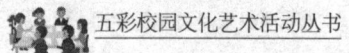

状况，为良好人文环境的建设清除障碍。

7.提高教师素质

教育者的言行对学生产生潜移默化的影响，如果教育者自身的形象和学校人文精神、教学理念不协调，就不能营造良好的育人环境。

学校应提高教师、辅导员及教辅队伍的师德修养，树立全方位育人观念，塑造教育者的优良品格。使教育者的职业意识、角色认同、教学理念、教学风格、价值取向与学校的主体文化协调一致，给学生做示范、做模范，完成教书、管理、育人工作。教师做到对学生尊重、关心、热爱，对学术严谨、认真，对同事和睦相处，互相支持理解。为良好人文环境的建设提供保障。

注意的问题

1.以人为本

在校园人文环境建设中，学校必须始终坚持以人为本的观念，在教育过程中注意因材施教并注重人性化的教育和管理，做到以诚待人、以情感人、以理服人，将以人为本的思想落实到学校工作的各个方面、各个环节。使每一位学生时时刻刻感受到人文关怀和人情温暖。促进学生全面发展和学生之间、学生和学校之间融洽和谐关系的形成。

2.思想工作

校园人文环境建设必须和思想政治工作相结合，坚持认真、扎实开展思想政治工作，在各项工作中必须坚持以理想信念教育为核心，以爱国主义教育为重点，以基本道德规范为基础，以大学生全面发展为目标的原则，构建以开放式教育为特色的大学生思想政治教育体系。

通过形式多样、深入持久的思想政治工作使学生树立正确的世界观、人生观和价值观，弘扬和培育民族精神，提高道德素质。为校园人文环境的建设铺平道路。

3.制度保障

校园人文环境建设必须有科学完善的制度相配合，要有和学校人文精神内涵相一致的规章制度、岗位职责、行为规范以及与之相应的管理行为。规范教学的各个环节和各种办学行为，促进教师业务能力的提高，塑造高尚师德，严肃纪律，约束和规范大学生行为。

杜绝制度与行为之间相互脱节，把制度作为学校人文环境建设的纽带和桥梁，贯穿在学校人文环境建设中。要把体现学校办学理念、学校精神的制度变成师生共同价值的追求，化为全校师生共同的行为，早日实现和谐校园。

校园人文环境建设是一项系统化、长期性的工作，只有经过管理者、教育者、学生不懈努力和历史的沉积才能形成深厚的校园文化底蕴，任何急功近利式的"说教"都是无效的；也只有通过最有力量的文化，感染和熏陶着教师和学生，才能凝聚其精神，达到人与校园的和谐统一。

因此，必须对校园环境条件加以认真地研究分析、科学规划，对每一处建设都要精雕细琢，切不可随心所欲、粗制滥造，死搬硬套某种模式，刻意追求某种人为效果。否则，不仅不会达到所预想的人文效果，反而还会破坏其原有的自然性，从而有损原有的人文色彩。

校园建设存在的问题

校园是育人之所,宜人高雅的校园景观能传达出学校的精神风貌、审美情趣、文化内涵等,并感染人为之积极奋斗,如此对校园环境的景观进行规划设计就具有重要意义。

目前多数学校已经向大众化教育转化,出现众多学校开始扩建,但由于时间短、资金缺、学生多、基础配套不完善、校园文化设施薄弱,校园文化的迁移无法像校园园区那样可以快速的物理移动要实现

校园环境的和谐构建、文化的传承与创新以及学生的成长成才，从校园文化与园区规划的层面来思考，新校园景观设计变得尤为重要和迫切。

校园景观是对学校历史、文化和时代特征的展现，是整个校园环境的精髓所在。

校园建设中的问题

1.校园绿化面积小

校园绿化是形成校园环境的基础。在校园绿化、景观设计中，要创造一种环境，让师生在此远离社会喧嚣，用平静的心情来学习和生活体验，个人活动空间少，绿色空间更少，人与自然接触少，人与森林植物接触少，在拥挤的水泥建筑的窄小空间，远离自然容易产生浮躁的情绪，缺乏独处思考的场所，非常不利于学子的心理成长；在绿化设计中利用具有生态保健功能的植物、树木、灌木，形成立体的绿化景观，既可以为校园形成绿树成荫的环境，也能为学生创造出适合读书的氛围。

在校园绿化中，注意生态环境与艺术相结合、体现人与自然的和谐发展、创造出"虽由人作，宛自天开"的意境。只有具有了良好的绿化条件，才可能创造一个合格的校园文化。而校园绿化面积小、比例低，对学生的早读造成一定影响。有的学校绿化面积利用不科学等问题的存在，凸显出了校园规划的不足。

2.道路设计不合理

道路与交通组织的观念相对滞后。道路交通的不足，一定程度上影响了校园内部的环境质量。

传统的大学校园中车行交通流量规划中，通常以整齐的道路网和条块状的建筑分割校园空间。有的校园道路设计不合理，人车混行，主要道路直接穿过功能区。行人仍不时出入车行大门，不但影响车辆通行，还潜藏着不安全因素。行人通过数量多，课间时几乎覆盖了整个道路。不但阻碍车辆通行，行人也不安全。

3.校园分区不科学

分区的目的是为师生提供环境优美、更具人性化的校园，使得师生可以更好的学习和生活。因此，在建设中，应强调"以人为本""生态校园"两个主要元素。学校要"以人为本"建设"生态校园"，即所有的规划建设以教师学生为出发点，并建成一个生态环境良好、适宜学习生活的具有自身特色的代表型校园。

在分区中，学校要合理配置资源，有效利用资源。形成动静分设，互不干扰的区间，同时加强不同区间的相互联系。在扩建校园建筑的同时，注意校园文化的培养，要突出"以人为本"设计思想，在学校内部，以师生的日常学习生活的行为规律为出发点，科学合理地确定学校的功能分区和结构形式；体现学校文化特色，坚持生态建设，增加单位面积上的绿化量。

4.整体设计思想弱

校园建设在分阶段进行后，缺乏整体设计思想，特别是校园中缺乏文化景观，虽然现代化建筑优于老校，但缺乏历史文化底蕴和温馨的生态环境。

校园建设改进建议

1.增强整体规划

校园景观包括建筑物及其外部环境，以及由人构成的景观。建筑景观指校舍建筑，而建筑物外部环境则具体指建筑以外存在于校园空间中的一切物质，包括校园内的自然环境与条件，也包括了植栽、草坪、道路、广场、建筑小品等设施。

师生长时间、全方位的处于校园环境文化的笼罩之中，清晨锻炼、校园漫步、教室听课、图书馆阅览等等，无论何时、何地、何种角度，都无法摆脱与回避整个校园的立体的、流动的景观的包围。

应该进行校园整体规划，重新进行校园功能分区，增加绿化面积，建设文化小品，园林景观，使学校景观更加丰富和人性化。在建设校园时，要遵循几个主要的设计理念。

（1）突出人性化，即一切以为师生学习、生活、工作提供便利。

（2）要建设绿色校园，绿化要占学校的主要部分，同时注意节约土地、节约能源，如建筑以自然采光与通风为主。

（3）要实事求是，在有限的地域内，要规划一个有特色、人性化、生态化的"麻雀虽小，五脏俱全"的校园。

2.增加标志性建筑

标志性建筑的基本特征，就是人们可以用最简单的形态和最少的笔画来唤起对于它的记忆，标志性建筑是一个地域的名片，有时也体现了一种地域的精神。

每个学校都应该有自己的标志性建筑物，作为学生对其记忆的引导线。校园中的标志可以是校标、雕塑、门楼、建筑小品或特色空间及建构筑物。标志可以反映这所大学的历史，使校园环境增加深层含义，因而标志几乎统领整个校园的气氛与基调。应在校内征集，同时请专业的人员设计学校的标志性建筑，作为独特性标志。

还可在一些小细节上体现，如校内的每个建筑的房檐或者墙壁上都刻有装饰性标志。这样既能使大家时刻看到、想到学校的校标警语，同时也成为了学校的标志物。

3.移植花草树木

在现有的基础上增加设施，应移植一些大的能够起到遮荫的树木，在树木下设置较多长椅，作为师生休息、学习的地方，这也是校园最为明显的不足。

同时，垃圾桶等日常设施应再加强些；在校园的休憩区，还应建设若干凉亭，既能作为别致的景观，又可为师生提供便利的学习和休闲场所。

在校园内，覆盖全校区的无线网络，为师生户外的学习提供条件；建设公共交流、娱乐场所，作为师生之间、学员之间的公共的聚会、交流场所等。

同时还要注意一些标志牌的设计，以便于师生寻找地点的同时，还可为校外出入的人员提供人性化的便利；校园路灯的使用，要注意环保、绿色概念，利用节能灯、太阳能灯。

4.改进建筑色彩

在建筑的设计上，生活区的建筑色彩要柔和，利用各种色系为主题，为各宿舍楼命名，或者在各栋宿舍楼周边种植不同的植物，来为各建筑宿舍楼命名，在各个建筑之间建设走廊，既可提供较多的便利，而且观赏性也很强。

学习科研教学区的建筑体现时代、人文、人性等特点，以便利、功能齐全为主要考虑因素，首要的是为师生提供充足的学习地点，如自习室的数量等，同时在各楼层还可设置休闲区，作为学生课间放松的地方。

在行政办公区的建筑设计上，要体现庄严、肃穆的感觉，毕竟那代表着权威，需要大气的建筑；在师生休闲区的建筑应是那种俏皮、活泼、具有流线性的建筑，让人赏心悦目的同时，还能够放松心情；活动休闲区的建筑要提供各种休闲娱乐设施，建筑的设计要体现多功能、人性化等特性，为师生提供一个娱乐、交流的良好场所。

5.校园分区绿化

绿化是校园环境建设的重点，分别根据不同区间进行建设。

（1）门前区。这里是首先冲击眼球的景观，在绿化上应作为重点，应设重要景点作为门前区的主景，一览无余。如可在北门、东门、西门和南门大门口种植高大的雪松，大门内设小型广场，铺设草坪点缀花坛、雕像、喷泉等。

（2）生活区。这个区的绿化树种应以常绿乔木和灌木为主，藤本、绿篱次之，在生活区，沿宿舍四周可砌筑花墙，种植一些低矮的花灌木，如紫荆、海棠、紫薇、紫叶李、红叶李、迎春等，既不影响一楼的室内透光，又有美化效果。在楼墙适当的位置可种植一些攀援植物，如爬山虎、月季、迎春等，既可以增加绿化面积，丰富空间立体景观，也可以起到防晒降温的作用。

（3）科研区。此区是师生工作学习的地方，植物配置应形成幽静、美丽的环境，且不影响室内的通风采光。总体来说，绿地宜采用园林手法，树木可采用对植、列植或在建筑物两侧栽植绿篱，也可少量的采用孤植，用树形比较优美且能烘托一种幽静气氛的树。

还可在建筑物前铺设大面积草坪、点缀美观的花灌木或栽植地被植物。但是教室的南向一定距离内，不能种植高大乔木，尤其是常绿乔木，以免影响夏天通风及冬天采光。

（4）运动区。学校的运动区尘土较大，因此在配置植物时要选择一些吸附尘土、净化空气能力都很强的树种。如夹竹桃、泡桐、榆树，这些树种有的对粉尘烟雾有较强的吸附能力，有的对空气中的尘埃有过滤作用，对大气中的二氧化硫等有毒气体也有一定的抵抗性。

此外，学校内特别是运动场周围还应注意不要种植一些落叶、落果和花絮较多的树种，这对运动场的环境卫生有很大的妨害。

（5）行政区。行政区作为学校内外交流的窗口，其绿化也是不容忽视的。因此，学校应选择适当的树种和培植方式来体现一种宁静、庄严、肃穆的风格。最好是以一些树形优美、内涵丰富的乔木为主，如雪松、白皮松、白玉兰、棕榈等。在有草坪的地方可适当地采用孤植，更符合行政区的景观设计要求。

（6）游憩区。绿地宜采用自然式的布局，趋于自然生境，乔木、灌木、草本要自然分层，树木的郁闭度也应稍高，可以设置水面、花架、亭廊、坐凳等。设置水面、花架、亭廊、坐凳时，各园林小品之间宜用树木与花草结合在一起。水池中可种水生植物，岸边可种植扶芳藤、蔷薇等藤本植物，使水面自然入画。

绿地内的花架旁，应种植紫藤、葡萄、凌霄等攀援植物，形成绿茵花廊。亭榭四周可布置白皮松等常绿树，或配置腊梅、紫薇、丁香等。适当种植合欢、三角槭、栾树等，用以遮荫和创造一种幽静的环境，也可用大叶黄杨、小叶女贞等常绿灌木，围成半封闭的空间，宜于学生学习、乘凉。

此外，绿地内应广植花灌木，花开不断。该区与校园大道、运动场地相邻部分可用桧柏、大叶女贞等构成高篱，起到防尘、防噪的隔离作用。

（7）校园道路。校园道路通常分为主干道、支路和绿地小径。主干道绿化应以遮荫为主，支路、小径以美化为主。主干道行道树可选用水杉、银杏、白蜡、合欢、栾树、白玉兰等落叶乔木，短距离的重要路段也可选用雪松、白皮松、华山松、广玉兰、枇杷、棕榈、香樟等常绿乔木。

　　道路外侧应留有带状绿地，配置草坪、酢浆草等地被植物或花灌木，以打破干道的规则平直。支路及小径的路旁绿化应活泼而富有变化，根据路段不同可分段种植不同品种，组成不同景区。一般选用常绿树或花灌木，也可用常绿树与花灌木间植，如桧柏与红李，龙柏与蔷薇等。

　　校园规划重中之重是校园文化的体现，校园规划要充分发掘学校的历史和文化内涵，营造独具特色的校园。在这个充满城市喧嚣的环境下，静宜而富有生态特征的绿色环境为大众所渴求，优秀的校园规划，应能够营造出可缓解师生心理疲劳、释放工作和学习压力的氛围。

　　同时，可为校内师生提供娱乐、交流、休闲的场所，达到削减压力、疏松心理的作用，具有人文韵味的景观还寓教于乐，这是校园的一种文化潜力，是建立和谐校园的外部环境氛围。

中学校园环境的建设

马克思曾说过:"人创造了环境,同样,环境也创造了人。"由此可看出,环境建设对于一个人成长的重要作用,古代"孟母三迁"的经典故事更是印证了这一论断。学校作为培养人才的主阵地,其整体面貌的建设状况直接影响着广大学生的成长,而且起着潜移默化的重要作用。

因此,各中学都将校园环境建设作为学校德育工作和实施素质教育的重要内容,更将它作为社会主义精神文明建设的重要组成部分,

并致力于将校园建成布局合理、环境优美、文明向上，能充分体现学校教育教学特色的现代化育人场所。

校园环境建设的作用

校园环境建设在学生成长过程中起着不可替代的重要作用。

1.整洁环境对心理健康产生积极作用

21世纪需要德才兼备的合格人才，"德"在人才诸要素中处于首位，它往往通过日常良好的行为习惯作为高尚品德的最基础最外显的表现方式，因此，在学校日常工作中学校经常将培养学生的良好行规作为德育工作的主抓手，而创造优美整洁、健康向上的校园环境对培养学生健康的心理起着潜移默化的重要作用。

日常生活中，人们最喜欢光顾的场所便是公园、中央绿地等环境优美、卫生状况良好的场所。人们通过呼吸新鲜的空气，观赏布局合理的鲜花绿地，而使平时紧张的心情得到最大限度地放松，看着干净又美丽的自然环境，愉悦的心情自然产生。

事实上，处于身、心迅速发育期的青少年更需要这样一种幽雅环境，它有助于让学生躁动的心情平静下来，让他们感到学校就像花园一样。学生喜欢在这儿学习、生活，这种爱鸟及屋的迁移心理能让学生从喜欢学校的校园环境，进而喜欢老师、同学。

在那样温馨和睦的氛围中，有老师循循善诱的辅导，有同学们的热情相助，有丰富多彩的校园学习生活，学生自然会盼着上学，盼着和老师同学相处，感到在学校里生活是最充实最快乐的。这种愉悦的心理自然大大促进学生的学习热情，让他们由"苦学"变为"乐学"，由"被动学习"转为"主动学习"，学生的学习成绩提高了，行为规范变好了，同学关系融洽了，受到老师、家人、社会的认可，学生自然会有一种成功感、自豪感。这种良好的心理驱动力会促使学生扬长避短，更充分地张扬自己的良好个性，进而促进他们更健康、

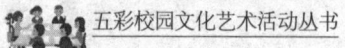

更快乐地成长。

2.现代化设施促进主动获取知识

现代社会是一个高科技信息化的社会,学生获取知识的途径也开始越来越广泛。

为了顺应时代的发展,更多地培养各方面高素质的建设人才,满足社会对人才的需求,各学校校园环境建设中都加大了科技教育力度。

首先,各校都想方设法为学生提供更可能多的现代化教学设施,如教室都配置了功能齐全的多媒体教学设备,学生可以利用它建立班级网页,上网查找资料,发布信息,网上交流等等,实行网络资源共享。这样学生不但扩大了知识面,而且校内及校际间也加强了联系和沟通,避免以往"闭门造车"的弊端。

有的学校图书馆还为学生配备了电子阅览室,并增大藏书量,让学生驰骋在广阔的知识海洋中,这都大大提高了学生的求知欲望和探究兴趣,扩大了知识面,拓宽了学生的视野,从而促进他们更好地学习科学文化知识,更多地了解世界。

陶行知先生曾说过:"要解放学生的头脑,让他们去想;要解放学生的眼睛,让他们去看;要解放学生的双手和双脚,让他们去实践;要解放学生的时间和空间,让他们去发展。"这就是说,培养学生的动手能力对学生一生的成长有着重要作用,历史上的许多重大发现也都是在不断的动手实践中得来的。

为此,学校应建立多方位、综合性强的实验室作为校园硬件建设的主要内容,不但做到实验设备现代化并不断更新;充分发挥学生的创造力,自制各种实验器材;而且在实验室中布置许多科学家的事迹。这种现代中又不乏人文的学习环境,促使学生不但自动获取了知识,更从科学家的事迹中感悟到做人的道理。

针对中学生喜欢运动的特点，学校的运动场地和各种体育馆的建设要尽可能地完善，场地面积和运动器材要达标，让学生充分享受到运动的乐趣，从而达到"健康第一"的目的。

总之，一所学校教育设施的现代化程度，直接影响着学生的求知欲望和学习兴趣，因为学生通过运用各种现代教育设施，能从中体验到现代科技的魅力所在，从而激发他们的想象力和创造力，这对学生一生的成长起着重要作用。

3.人文环境培养学生自主能力

素质教育的基本特征之一是尊重学生的主体地位，培养学生的主体意识，发挥学生的主体作用。

要培养学生的自主能力，学校应设法组织各种符合学生年龄特征的主题活动，让学生主动参与设计、参与管理、参与优化校园环境，亲自动手为校园建设出金点子，为学生创造一个有利于创新和主动发展的大空间，并努力使这些活动成为学生受教育的过程。

如发动全校学生开展"我为学校建设绘蓝图"的校园环境设计比赛,学生们绘出的一张张平面图、立体图,它们虽然稚嫩,但对学校浓浓的爱意却荡漾笔端。这种亲身体验式的环境创造活动,一方面让学生体验到成功的愉悦,同时在自我创设的环境中学习生活,会更珍惜劳动成果,这便是环境的教育功能。

如果说人文化的校园环境布置需要学生的参与,那么要使这些优美的环境能保护好并不断充实完善,必须依靠学生的自主管理。例如,为使各校的绿化环境更让人赏心悦目,学校可紧紧抓住植树节,发动全校学生开展"我为校园添点绿"的捐花护绿活动,并充分发挥学生的智慧,让他们自主设计校园绿化带的广告用语及养护制度,达到依靠学生力量养绿护绿的目的。

另外,健康生动的校园文化活动可以陶冶学生的情操、培养学生高雅审美情趣,发展学生多方面兴趣爱好,提高学生文体和艺术修

养，锻炼他们的组织能力、口头表达能力、动手能力和与人交往能力等多种才能。

因此，作为学校，应以校园文化建设为主题，认真组织各种学生喜闻乐见的活动，以活动为载体，寓教于乐，让学生主动发展，快乐成长。

主要内容及方法

校园环境建设包括物质环境和文化环境两部分，物质环境是指基本设施、卫生状况、绿化布局等；文化环境则是校园精神、校园文化、校风校纪等。

1.符合中学现代化办学标准

现代文明建设需要物质和精神文明一起抓，而物质环境则是整个校园环境建设的基础。为了使全体学生有一个良好的学习工作环境，现代化的校舍建设是当务之急，重中之重。因此在校园环境的建设中要力争做到布局合理、功能齐全，能充分反映现代化的教育要求。

校舍建设中的主体教育大楼结构要合理，功能区域需合理布局，学校大门的设计能充分体现各校的特色。校内道路要宽敞，建双道道路，中间可设计"中心广场"、"喷水池"，使学生进出分离，保证安全，也可休闲。

另外，在建设中还要注重体现校园建设的个性化，多样化：专用教室要面积大、功能齐全、便于演示和操作；学生基本活动场所则必须达到一定规模，并且配备各种学生感兴趣的、新颖的运动器材；绿化环境更趋规范化、合理化。植物造景绚丽多彩，绿树成荫，四季花卉季相分明，具有一定的绿化艺术水平。这样学校就像一座大花园，中学生在这样的环境中学习工作自然赏心悦目，精神愉快。

总之，学校的硬件环境需要根据教育的发展要求不断调整，滚动前进，要吸引学生主动参与建设和管理，从而凝聚全体学生，让学生从内心热爱自己学习的校园。

2.符合时代要求和学生个性发展规律

文化环境也称校园环境的"软件",是整个校园环境建设的最重要部分。试想,硬件设施一流的学校如果没有健康向上、严谨规范的校风和学风,学生怎会爆发学习的热情;沉闷无比、缺乏活力的校园生活又怎会让学生感受到学习的乐趣?因此,一所学校创立后,首先要抓良好的校风,严谨的学风,向上的且丰富多彩的校园文化建设,具体可分为以下几部分:

(1)让校园自然环境和人文环境的动态布置协调一致。学校总是处在一定的自然环境和人文环境之中。就学校的自然环境而言,从学校的整体布局到校园的绿化美化,不仅应该具有审美价值,体现人与自然的和谐统一,而且也应该具有文化价值,体现出一个学校特有的文化底蕴。

如果把学校的一草一木、一砖一石都视作知识的载体,通过独具匠心的设计,把教育目的和科学文化知识融进校园的每一个角落,那么校园的自然环境就会成为"立体的画,无声的诗",就具有了独特的教育功能。

学生进入这种赏心悦目的优美环境中,不仅会产生愉悦的审美体验,规范自己的言行,使之与这种优美文明的环境协调一致,而且能使学生"处处留心皆学问",在这种具有知识含量的自然环境中,陶冶自己的情操,升华自己的人格水平。就人文环境而言,一所学校应该形成丰富的高水准的人文教育环境。

人格的形成过程是人的社会化过程。而人的社会化过程是一种人文过程,人文过程必须在一定的人文教育和人文环境中才能取得良好的效果。"学校无闲处,处处有教育",让校园生活洒满七色阳光,让每一堵墙壁都在说话。

　　环境是一种教育力量，创造良好的生活和学习环境，舍得"花钱买效应"，使每一个学生都有一个毕生难忘的学生时代。因此，学校环境布置时要注意人文气息，如校园中可以建一些名人的雕塑，橱窗、走廊可贴一些名人名画，古人的警句名句，甚至用更多的空间来展示学生作品。学校要经常举办学校的传统项目如艺术节、校庆活动、运动会等，要多创办各种学生社团、俱乐部，充分发挥广播台、自办报纸的宣传功能，让学生感到学校生活丰富多彩且生机勃勃。

　　另外，室内环境的布置也是学校整体环境布置的重要组成部分。教室正前方悬挂国旗，两旁是班训等班级文化建设，能有助于形成良好的班风和学风。班内还可设置生物角、荣誉角、张贴学生设计的班徽、唱响学生自创的班歌等等，让班级的个性文化环境布置充满浓郁的健康教育氛围，学生在这样的环境中自然耳濡目染。

　　（2）让校风学风在塑造学生人格品德过程中不断产生积极的影响。校风是一所学校的精神面貌，是学校师生共同的价值观念、思维方式、行为特点和传统习惯等的综合体现，反映了学校对全体师生的共同要求。同时对全体师生具有普遍的约束力和强大的感染力、凝聚力，对塑造学生的人格具有无言的威慑力。

　　因此，一所学校应以校园环境建设为抓手，形成具有本校特色的校风，并把校风作为学校精神的象征，作为教育学生的最基础的教材，让学生明白校风的含义和具体要求，并熟记于心；让师生在每天进出学校的第一眼，都能见到醒目的校风标牌，以便时刻提醒自己用校风规范自己的言行。这种持久的、经常反复的潜移默化式的环境熏陶，会使学生逐步内化为自觉自主的行为，养成良好的人格品德，使其终身受益。

　　根据学校的办学理念和目标，制订相应的校纪校规，培养学生良好的行为规范，从而形成富有本校特点的良好校风学风。

（3）建立和谐融洽的人际关系环境。和谐融洽的师生关系，反映了一所学校的精神风貌，也是校园文化的重要内容。在师生关系中，教师处于主导地位，教师的人格对学生人格的形成具有榜样示范作用。

教师要真正成为真的种子、善的使者、美的旗帜，诱发学生丰富的心灵世界，就必须从道德品质、思想境界、教育观念、工作态度、待人接物、言行仪表等方面，使自己的一言一行、一举一动，符合教师的职业道德要求，给学生起示范作用，从而真正用自己高尚的人格对学生人格的形成起直接的、奠基性的作用，促使学生形成高尚的健全的人格。

总之，校园环境建设应注重人文环境的建设，尤其是校园文化建设。因为校园文化不仅体现在优美的自然环境文化、高尚的人文教育文化、良好的校风校纪文化、融洽的师生关系文化上，而且体现在学校生活的各个方面。

因此，要形成学生健全完善的人格，培养德、智、体全面发展的接班人，就必须健全和优化学校的校园文化建设，并且尽可能地为学生搭建舞台，让他们有更多的机会展示自我，从而加强学生间的交流与合作，不断地在校园中形成一种融洽的、互帮互助的生生关系。广大学生在这样优美健康、积极进取的校园文化环境和融洽和谐的师生、生生关系中，学生的健康人格自然能很快形成。

应注意的几个关系

校园环境建设是一项长期的又需不断完善的重要工程，期间更需花费大量的人力、物力和财力，因而在整个建设过程中必须有计划、有步骤，要统筹兼顾，发挥其最大的教育价值。具体需处理好以下几种关系：

1.教育要求与学生年龄、个性发展的关系

二十一世纪的教育目标是要将学生培养成为敢竞争、重实力、乐合作、有个性的现代化人才。现在中学生绝大多数都是独生子女,他们往往以自我为中心,协作性较弱,学习工作不踏实,易浮躁,耐挫力又较差,这些特点在一定程度上阻碍着他们的健康成长。

在现代这个需要充分张扬个性和懂得协作的年代,学校的校园文化教育要紧跟时代步伐,努力读懂所教育的学生,了解他们在想些什么,追求些什么,喜欢些什么,又存在着哪些缺点,然后在总体规划校园环境时就能根据学生的以上特点,学校的教育教学设备就应尽可能地现代化,要领先于其他行业,让学生接触到最新的技术;让学生充分发展各自的才华;让学生有更多的合作空间。

总之,校园环境建设应本着以学生主动发展为本,注重学生的特点及发展规律,想方设法,为学生多创设有利于他们成长的空间,让他们都能健康成长,成为未来的新型人才。

2.时代性与学校传统文化之间的关系

社会在不断发展进步,学生的追求也在逐步提高层次,他们希望自己学习的校园是最现代化的一流学校。因此,现在每年政府都投入了大量的资金,用于学校硬件设施的改善,特别是网络工程的创建。学校应充分利用现代信息教育,让学校在校园硬件建设的现代化过程中不断赋予新的时代内容。

注意不能追求所谓的时尚新潮,而将学校原有的传统的优秀校园文化都摒弃,或是死抱着那些曾经辉煌、令人骄傲的荣誉而不思进取,不随着时代的发展而不断赋予其新的内容的话,这样的学校就没有发展的根基,更没有发展的活力,迟早会在激烈的办学能力和质量竞争中被时代所淘汰。

因此,学校建设必须注意建设好如校史陈列室,不断提升学校传统校园文化活动质量,如科技节、美食节、艺术周、体育周等,尽可能地巩固和发展好学校的一些优良传统,并随着社会的发展而不断发展,要让社会都知晓学校的办学特色,这样不断发展的学校才会永葆

其生命活力。

3.发展性与因地制宜、艰苦奋斗的关系

"发展是硬道理",学校必须发展,而且还要有特色的发展,这样才有生命力,但是学校不能举着发展创新的招牌,花很多钱去追求一时的"名牌效应",哗众取宠而忘了"教育"的天职。

因此,尽管在"科教兴国"的战略思想的指引下,政府对教育的投资不断增大,但作为学校仍应努力发扬艰苦奋斗的优良传统,因地制宜,调动全校师生的积极性,寻求社会的多方支持,努力做到花小钱办大事。具体来说就是硬件建设要力求以最小的投资产出最大的效益,软件建设则尽可能利用现有资源"变废为宝",保持传统,充分发动全校学生,发挥集体的智慧和创造力,让学生自己动手,布置出具有本校本班特色的人文环境。

现在飞速发展的信息技术和初见端倪的知识经济对人才的培养提出了更高更新的要求,学校作为精神建设的主阵地,除了要将培养人才作为己任,更应努力为未来人才创设一个和谐宽松、健康向上的现代化校园环境,相信在社会各方以及教育者的共同努力下,校园环境一定会建设得更美、更亮、更受学生及家长们的欢迎。

大学校园环境的建设

校园环境文化建设的重要性

校园是一群朝气蓬勃、思想活跃的年轻人学习、生活的场所,这些年轻人将在这个空间里度过他们的身体和思想成长中最为剧烈的时期,可能四年或者更长的时间。这个园区内的每一幢建筑、每一个雕塑、每一个花坛、每一棵树木都可能让他们驻足,让他们在以后很长的时间里仍记忆犹新。例如北大学生一谈起自己美丽的校园,就首先想起"一塔湖图",未名湖岸边的博雅塔的身影映在湖中,每个到北

大的人都向往看到湖光塔影的图画。

环境艺术的核心应是生活艺术，美化环境，最大程度上是美化生活。大学校园环境是师生们的露天"起居室"，从课间休息、室外阅读，到聚合交往、散步休息等等都与之息息相关。

时代的发展，大学生的身心发展更加活跃，比以往的大学生更渴望人际交流，更需要广阔的自然空间，而这些空间很大一部分是在建筑空间以外，校园内的小树林、林荫路、池塘边，往往是学生停留的地方，或交谈、或散步、或静静的读书。

课堂上的学习只是学生接受教育的一个方面，校园环境对培养大学生的修养、情操、品德更是不可缺少的要素，校园环境就是学生的第二课堂。因此，在现代大学校园建设中应该重视大学校园环境文化艺术建设，以达到环境育人的目的。

学校校园环境建设的方法

1.景观型园林建设

校园景观绿化环境由广场、景点、绿化、水系等组成，是一个由点、线、面相贯穿结合的有机整体。

以静水平台、亲水平台、荷花池等大型景观为点，呈现变化，有开放式，也有围合型，或升或降、或动或静，不同的主题满足师生不同的学习、休闲空间需求，结合建筑形式和周围环境融为一体；以道路为线，种植大型行道树，意在形成宁静的校园氛围；以开阔的水面和成块的大型绿地为面，形成面域景观。

按照建设生态环境的目标，实施"春有花、夏有荫、秋有果、冬有绿"的"四季飘香"工程。在绿化处理上，注重地形层次；植物造景多样，常绿与落叶植物的比列搭配匀衡，色彩季相变化有序，有专业深度。

在绿色植物的配置上，以生态园林学为指导，以乔木为主，乔、灌、草、藤、竹相互结合。引进银杏、雪松、木荷、榉树、乌桕、广玉兰、白玉兰、桂树等常规树种，还有独本紫薇、独本金桂等名贵的树种，同时适量种植了一些热带植物如华盛顿棕榈、银海藻等。长绿、落叶乔木交错，随季节色彩斑斓。灌草滕竹点缀，高低错落，富有层次。

节点景观设计多以写意为主。入口广场的水幕墙，以山地竹为背景，青竹黛砖，透着浓浓的文化气息；中心广场的时钟造型，寓意深远。

校园环境建设有很多的表现手法，下面简单列举一些常用的方法，这些方法组合在一起使用更能创造出完美空间环境。

2.环境建设的方法

雕塑无论在教育上、人文上和知识上，雕塑都可以作为一个标志性的景观，从中引出的寓意应该是积极的、向上的。如图书馆前的茅以升塑像，茅老衣着简朴，淡泊宁静的身姿及神志，凝重中不失慈祥，深刻中不失质朴，衬托出当年中国知识分子的正直不阿、宽厚善良的人格力量。让许多的学生与茅老有心灵上的交流。塑像基座上的格言更展示了茅老的奋斗历程："人生一征途耳，其长百年，我已走过十之七八，问首前尘，历历在目，崎岖多于平坦，忽深谷、忽洪涛，幸赖桥梁以渡，桥何名欤，曰奋斗。"

水景自然状态湖泊和小的人工池塘，无论大小，其中的水体都能给予环境以生气，相对与体型巨人的建筑，它可以软化环境，增添亲切感。无论动态和静态，水都能赋予空间灵气。池塘水表现为静，水体反射四周建筑，展现空间融合于自然的特点。喷泉水体表现为动，或面形、或线形、或点形。一动一静的结合，对比勾勒出丰富多彩的学习、休憩空间氛围。

绿色植物大面积草地、富有造型的灌木、成排的树木围合成一个又一个生态空间，绿色植物被人们称为"有生命的建筑材料"，绿色可以使长时间从事脑力和视力活动疲劳的人脑和眼睛得以恢复，并且达到改善校园小环境、小气候的作用。随着冷季型植物的引入，现在北方大学校园也正在逐步形成四季长绿、三季有花的校园环境，为学习、教学、科研和生活在这里的师生员工营造了更具恬静、怡心、自然的环境。

适当的校园广场建设，可以丰富校园内的院落感，现代小的教学组团型的教学模式都有一个围合的空间，这个空间很适合建设一个小型的广场，供学生举办小型活动使用。地处历史悠久的工业城市，为了体现工业的特征，学院建设的工业文化园，其中有时代最早的蒸汽机火车头，在园内错落布置的巨石上雕刻了城市的工业历史，如中国第一袋水泥，第一条标准化铁轨，第一台蒸汽机车头，第一座煤矿竖井。整个文化园现在已经成了学生温习现代工业历史片段的基地。

新老校园环境建设

老校园在改造中进行环境文化建设。以往的校园建设很多只是着重教学、科研、办公、生活、体育等各个职能建筑的设计，对于校园环境，仅规划好校园道路和路两侧种植些简单的树木。

对于校园小环境的建设从来没有提升到像重视建筑设计一样高的层次。这就形成了一个现状，很多建于上个世纪的校园环境都是围绕校园主要建筑简单的路网，简单的树木绿化，点缀其间的是一些纪念性的雕塑，很少看到绿地和成片的景观区域。

旧校园环境的重新整合改造，会使老校园焕发新的生命力。老校园环境现在正在逐步进行改造，以适应新时代的大学教学、生活需求，这种改造往往需要不懈努力和精心雕琢，充分利用各种空间进行文化环境建设。例如可以将陈旧的、淘汰的建筑拆除，建设校园景观；还可以见缝插针的进行小区域景观建设：在保留年久的树木的情况下,增加小范围绿地,减少裸露黄土地,在一些建筑上增加藤类植物或浮雕,从平面上和空间上增加绿色景观和文化景观。

新校园在规划中考虑环境文化建设。现在新规划建设的大学校园,都将校园环境文化建设作为一个设计条件加以重视,并且突出了生态景观、人文景观设计。

新校园规划职能分区更加科学合理,在各分区之间又有各种文化景观分布其间。新的大学校园规划,很多都吸纳了生态设计、人文设计。在校园环境充分进行文化景观设计,使新的校园有更为宽敞的室外自然空间,给师生以舒适、健康、自然、艺术的享受。

浙江大学紫金港校区的建设就突出的表达了一个新的大学规划理念:大学园林。这个新概念已经引起了很多校园规划专家的兴趣。紫金港校区的布局将园林概念融入到规划设计中,以"园"为特征,形成现代化、园林化、生态化、网络化的校园环境。

在校园中形成大大小小的、有主有次的园林组团,使园林包围建

筑，建筑建在园中，按地貌自然分布，形成人、建筑、自然的和谐氛围。现在该校区已经建成投入使用，大小十余个园林组团已经建成，园林化格局初步形成。

建文化特色型校园

在学校文化环境建设规划中，突出产学研结合的科技文化特色，营造美观大方、品位高雅、内涵丰富、特色鲜明的校园环境文化，校训牌、纪念碑、雕塑等校园文化标志物，与学校建筑文化、景观文化、工艺文化有机融合，形成本校特色的校园文化氛围，体现校园特色文化，体现环境育人的功能。

校区科技文化特色的显现，主要体现在开放式产学方面。在校区的主干道和教学实训区内，建立企业科技形象展示区，设置国际著名企业的企业文化、产品广告、技术特点、用人理念等形象展示的灯箱牌、宣传栏、雕塑群、形态碑等，形成灯箱街、信息传递亮点群、形态显示区，彰显产学研结合的校园文化特色。

建设文艺体育活动基地，大学要建有教师和学生活动中心和运动设施完善、分布合理的体育活动场所。在教学区和生活区之间建设大型体育场；建设一个大型室内体育馆。教工俱乐部和学生活动中心设在体育馆内，教工俱乐部配有棋牌室、健身房、多功能活动室等；学生活动中心作为文化、艺术、科技、体育等各类学生社团的基地，定期举行丰富并且有特色的活动。

NO2.校园美化类活动的策划

校园活动策划的组织

校园活动的策划、组织需要一定的流程。

活动种类

1.五个层次目标

必需的专业知识：专业拓展

合理的知识结构：丰富视野

比较全面的能力：沟通、组织、协调

养成良好的品德：尊重、关爱、责任

树立坚定的信念：青年马克思主义者

2.六大活动类别

思想政治与道德素养；社会实践与志愿服务；科技学术与创新创业；文体艺术与身心发展；社团活动与社会工作；职业资格和技能培训。

引导和帮助广大学生完善智能结构，全面成长成才。要在活动的科学性、专业性、实践性和实效性上下功夫。

总体规划

把握活动三要素：活动的主题、内容和形式。

1.活动的主题

活动的主题是活动的指导思想、宗旨、目的要求等最凝练的概括与表述，是统领活动各个环节的"纲"，并贯穿活动始终。它是活动最精髓的部分，在一定程度上影响活动内容的安排，活动形式的选择和其他诸要素的设计。

活动主题，是经过高度概括和提炼而产生出来的口号或警句：一般用来反映活动的实质，激励和动员活动的内容活动的形式。参加者，给他们留下深刻而强烈的印象。

对于一个活动参加者来说，一个富于人生哲理、具有青春气息、能激发青年奋进的主题的完成可以使他们激动不已，并能起到激励和吸引他们来参加活动之功效。对于组织者而言，一个好的活动主题同样可以激发起进一步规划好活动的内容和形式的积极性。

（1）主题分类

主题活动：如"迈入青春门，走好人生路"，活动内容和意图直接表达出来。

非主题活动："唱响校园"、"赭麓论剑"，只有活动形式，看不出活动意图。

（2）主题提炼

时代性：纪念改革开放××周年、世纪的展望、服务西部、青春建功新农村、挑战杯

哲理性：赢在起点、无悔的青春、希望工程

现实性：远离不良网络、说课大赛、三字比赛

（3）主题艺术化

经过艺术加工，应是简练、新颖、流畅、易记、上口，并能很好地表达出我们的意图。常用方法有：

借用法：名言、格言、警句、典故以及知名度很高的活动。如"我的大学"演讲会、鹊桥会、我新我秀。

概括法："守望绿色"包括：环境不能再污染了、展望明天的美好环境、我们的责任、付出环保行动等诸多内容。

谐音法：如"我新我秀"、"畅享校园"。

2.活动的内容

内容确定：围绕中心工作、重点工作和青年需求。

内容要求：对应主题、条件可行，如资源、环境、效益、系统完整。

内容特点：竞争性、鲜活性、新奇性。

内容原则：

（1）导向性。国家政策导向，社会发展导向，同学心理导向

（2）时机性。

（3）关联性。

3.活动的形式

常见的活动形式有20余种：会议、征文、演讲、朗诵、辩论、答辩、讲座、参观、展览、唱歌、舞蹈、书法、绘画、文学创作、科技制作、专题培训、体育比赛、趣味运动、文艺演出、志愿服务、社会实践、外出旅游等等。活动可分为竞赛性与非竞赛性两大类。

活动的要素还包括：人员、时间、地点、天时、经费等。

撰写方案

活动策划的过程，就是撰写活动方案。活动方案是活动要素的具体化，一般来说，完整的活动方案应包括20项内容。

1.活动主题或活动名称。

2.活动的背景与创意。

3.活动的目的、宗旨、口号。

4.活动的组织单位。是主办单位、承办单位还是协办单位。

5.总体思路或指导思想。

6.活动的内容。

7.活动形式。是竞赛还是非竞赛形式。

8.活动的时间与步骤。即针对参加者的日程安排：报名时间、预赛时间、复赛时间、决赛时间、表彰时间等；针对组织者的日程安排。

9.地点与场所：场所布置、观众位置安排、主席台布置、桌椅板凳、标志、背景、条幅、席卡、花草、卫生、收撤场等。

10.组织机构：人员分组。包括负责人、办公室协调人员、主持人、礼仪人员、领掌员、文秘宣传组、场务与观众组、灯光音响、舞台监督、后勤服务组、安全保卫组、志愿者组……制作任务分工明细表、任务时间安排与进度表。

11.参加人员：参加对象范围，明确对象层次；邀请的专家、领导、嘉宾的接送、服务、礼品、合影、题词、点评等。

12.活动经费预算及来源：经费预算表、经费主要来源渠道、企业赞助方案、校企合作协议书等。

13.后勤服务。如会场礼仪、颁奖、合影、化妆、友情提示、吃饭、住宿、交通车辆、嘉宾接送、茶水、供水、供电、如厕等。

14.安全保卫。进出秩序维护、安全事项，如高跟鞋、雨伞的危险性等、物品保管，做到六防，即防乱、防盗、防火、防病、防险、防事故。

15.信息工作。工作提醒、联系方式、通讯员、后续联系。

16.宣传工作。LOGO设计、舞台设计、联系媒体、摄影、摄像、海报、通讯稿及新闻通稿、活动总结、后期光盘制作等。

17.活动材料。指活动通知、议程、节目单、主持词、讲话稿、发言稿、颁奖词、温馨提示、登记表或报名表、评分办法、评分表、奖状或证书、人员名单及通讯录、场地示意图、证件、入场券、备忘录、笔、纸及其它材料。

18.活动器材。指旗帜、服装、道具、音频视频光盘、灯光、音响、话筒、电脑、投影仪、相机、手持喇叭、手电筒以及其它活动所需。

19.活动的认证：类别、分值。

20.活动预案。如人员生病、下雨、停电、停水、停气、混乱、延迟等情况处理。

组织实施

校园活动的组织实施要把握好六个环节。

1.策划方案

写策划书，这里的总体方案即大纲、实施方案（剧本、审批表）。

2.前期准备

人员、材料、物品、场地、赞助等。

3.宣传布置

开会、文件上网、会议动员、海报等。

4.组织实施

按照实施方案组织即对照剧本演出，精心组织，关注细节，做到过程精细化——细节决定成败。

5.检查督促

检查任务落实情况和进度情况，关注薄弱环节和关键环节，盯问题人员和重要人员，关键时期要每天召开碰头会。

6.总结认证

宣传、表彰、认证、总结报告、改进意见。

机制创新

活动的机制更新要遵循四化机制。

1.活动项目化

活动项目招标，分解任务，提高下级组织的积极性和创造性。如社会实践活动，组队招标。院学生会，可以向班级招标；也可由院团委、学生会主办，班级承办；团支部可以采取支部主办，团小组承办的方法。

2.资源社会化

整合资源，有形的资源和无形的资源。

无形的资源：品牌、政府、上级组织、名人身份等能提高活动的影响力和权威性。

有形的资源包括：

（1）人的资源：指导老师即专家和领导的支持与指导。邀请嘉宾即教授、专家、领导的出席、讲话、点评、评委、颁奖。

（2）物的资源：借用、合用、租用、废物利用、一物多用、社会募集。

（3）财的资源：包括团学经费：学生经费、党费团费、班费；科研教学经费：课题研究项目；社会资金：企业赞助、校友赞助、公益组织，企业赞助已成为重要渠道。

3.服务品牌化

持续时间长、影响大、同学欢迎的品牌活动，出精品活动。

4.参与全员化

（1）活动内容做到四个结合：结合中心工作、结合专业特点、结合社会热点、结合同学需求。

（2）细化活动对象和活动市场，每个活动有明确的对象定位。

（3）采取多种激励措施，精神、物质、积分奖励，多采用评比性或竞争性的活动形式。

（4）增加活动影响力，提高活动时效性。

现在的学生充满活力，充满创造，学校对学生们充满了信心，只要学生能牢牢把握"服务大局、服务同学"这个基本点，勤于学习、开动脑筋、勇于实践、甘于奉献，一定能组织出更多、更好的精品活动，为成人成才成功建功立业。

写策划书与制定计划

写作策划书

1.写策划书的前提

（1）策划团队。高质量的策划一定是策划团队集体智慧的结晶。建构自己的团队，不要一个人闭门造车。

坚守一个新陈代谢相对稳定的策划团队，各个成员应有相对稳定的分工和业务专长。

高质量的策划不是一蹴而就的。

可以借鉴不能照搬来自于网络的策划模本。

（2）策划理论。高质量的策划理应以调查研究为前提。知己知彼，方能百战不殆。调研关系着背景分析和目标设计的质量。

（3）调研的内容。

活动主体。了解自己组织的成就业绩价值理念；团队成员的能力、兴趣、想法、要求、困难等。

活动的目标客体。目标客体的需求、愿望、特点、困难等。

活动需要涉及的各类关系户的合作意愿：主管部门、协作部门、赞助单位、参与单位等。

（3）策划标准。策划质量高低的检验标准。

目标是否明确；最忌大而无当。

主题是否鲜明；最忌华而不实。

程序是否完备严密；规范合理，便于执行。

任务是否落实。机构人员分工，责任到人。

2.策划书规范与细节

（1）策划书的规范。策划书是策划者智慧的凝结和展示。

策划书的规范性结构：活动背景；活动目标；目标公众；活动意义；活动主题；具体活动安排；活动起止时间；活动组织机构；工作人员与分工；活动明细表；经费预算；附录。

（2）策划书的细节

①恰当标题。标题格式：主标题；引题+主标题；主标题+副标题；引题+主标题+副标题。

标题规范要求：活动者+活动时间+活动关键词。

封面设计规范：标题、署名、时间、编号。

②背景分析。背景分析目的在于说明开展此项活动的原因。

活动缘起的社会背景分析；活动缘起的组织意愿分析；活动缘起

的目标公众分析。

③目标设计。目标须具体、明确，切合活动的规格、规模，有可检验性。

关于目标的文字表达要简洁、明了，无须论证说明，文字不宜过长。

④活动主题。主题词是对活动目标、意义的凸显。偏离活动的实际目标，就是主题词设计不当。

主题词的文字表达：可以是关键词，也可以是几个短语；第一原则是贴近内容，表意准确；不必为了追求华丽而影响了准确性。

⑤具体活动。要把活动总目标细分为若干个具体活动。

具体活动的设计原则：活动的实际需要；逻辑的必然要求；团队能力的实际可能。

在总策划书中对具体活动只需罗列名称；明确时间地点；指定工作小组；指明活动要求。

⑥明细制作。把具体活动、时间、地点、执行机构、负责人、工作人员、任务分工等集中在一张表上，对于审批者、执行团队总览活动全局、流程细节都是必要的。

表格制作要求规范、细致、明确。

⑦附录制作。附录的内容：参考文件、个案细节、具体活动策划等。

附录的形式：文字材料、音像资料等。

3.策划书注意事项

策划书要有上报和供实施人员执行的两种样式。

文字表达要准确，不能包含语法逻辑或其它错误。

封面正文排版印刷要规范、精美。切不可粗制滥造。

五彩校园文化艺术活动丛书

制定实施计划

在活动实施阶段,实施团队必须有详细的实施计划。计划是否准确的理解了策划书,是需要审批的。切不可自以为是,各行其是。

具体活动的负责人和工作人员必须经过培训,培训内容之一就是准确理解策划书。

策划书和计划书的调整必须明确权限。

计划书必须细致、操作性强。

评估活动效果

评估是善后的表现。评估报告是最好的总结汇报材料。

可以设计卡片式调查问卷了解目标公众的反应。

召开工作团队的座谈会,进行自我总结。

向与会领导同志和协作赞助单位了解他们的感受。

统计媒体的报道数据。

学校活动方案的制定

综合实践活动是国家规定、地方指导、学校开发与实施的课程。综合实践活动课程走出了课本、走出了教室、走出了传统知识传授方式，它在课程结构上，是学校、教师和学生"课程自由度"最大、"课程空间"最广、"课程实施"最为灵活的课程。

然而，综合实践活动课程作为一门由国家设置、地方指导和由学校根据实际开发的课程领域，其活动的内容是一个有机整体，而非随意拼凑的若干主题的混合，如何体现综合实践活动这个有机整体，并集中体现学校特色，来整体开发综合实践活动内容，学校综合实践活

动课程实施方案的制定起到非常关键的作用。

重要意义

从课题看，多数学校在开展和实施综合实践活动课程时，缺乏整体性、全面性和衔接性，而且不同年级段主题活动开展有重复现象，在体现学校特色和地域特色上不足。同时，不同的学校条件、师资等现状也需要学校对综合实践活动课程开发和实施进行整体规划，以适应综合实践活动课程改革的要求。

因此，一个学校要"常态化"实施综合实践活动课程，制定一个科学、规范的综合实践活动课程总体实施方案是课程开发与实施的第一项工作。对于充分发挥综合实践活动的课程的价值，对于处理好学校预设即统筹规划与生成的关系，对于学校课程开发和建设能力提高，对于学校特色办学和教师专业发展都显得十分重要和必要。综合实践活动课程总体实施方案既是学校的总体规划与安排，也是学校综合实践活动课程实施、管理和检查的依据。

基本框架

学校是真正落实综合实践活动课程的基地和平台，其课程目标、内容、方式、评价、资源开发与利用等具体工作都在学校中完成。学校综合实践活动课程实施方案的基本框架一般包括几个部分：即课程前言、课程目标、课程内容、课程实施、课程管理以及课程评价等内容。

1. 前言

课程前言包括学校校本化实施综合实践活动基本理论、性质、意义、指导思想、课程背景等。它是课程实施方案中的一个重要组成部分，是学校总体实施方案的指导思想，是教师开展和指导学生综合实践活动的基本理念。课程前言有助于规范学校和教师教学行为，有助于体现综合实践课程作为一门必修的国家课程的课程价值。

2. 课程目标

课程目标是学校对综合实践活动课程目标按年级段进行分解，并按四个指定性领域分别对各年级段作出相应的要求和规定，是《国家九年义务教育课程综合实践活动指导纲要》在学校实施的具体化要求。课程目标有助于教师在实施综合实践活动时，进行有重点的把握和指导，并完成相应的目标要求。

　　让学生获取亲自参与探究的积极情感体验，培养学生乐于探究的心理品质、勇于创新的精神和适应社会的能力。通过研究活动，促进学科教学质量的提高。

　　形成对自然、社会、自我的内在联系的整体认识，发展对自然、对社会、对自我的责任感；增进学生对生活背景下的自然、社会和文化的认识，增进学生对家乡、对学校的认识和了解，为家乡、为祖国建设发展勤奋学习、立志成才。

　　形成从生活中主动地发现问题并独立地解决问题的态度和能力。

　　进一步拓展学生知识领域，提高综合素质，发展实践能力，发展对知识的综合运用和创新能力。

　　关注自我生活方式，形成积极、健康的生活态度和生活方式，养成良好的学习习惯和良好的心理品质，养成合作、分享、积极进取等良好的个性品质。

　　促成学生学习方式的转变，使他们学会探究，学会运用所学动手实践，学会学习。

　　例如阶段目标可以划分为随年级递增：

　　小学低段：关心自然、学会关心自我。

　　小学中段：关心自然、学会关心自我、关心他人。

　　小学高段：关心自然、学会关心自我、关心他人、关心社会。

　　3.课程内容

　　课程内容是综合实践活动课程实施方案的重要核心内容，也是学校根据本地实际,在充分征求教师、学生、学生家长及其他社会成员意见的基础上,将综合实践活动主题围绕学生与自然的关系、学生与社会的关系以及学生与自我的关系三条线索,从学生的生活经验、认知水平和能力出发,按照不同年级段设计与规划,较好体现课程实施内容统筹规划和学生活动课题选择等关系。

为了充分利用地方资源优势,突出体现地方性,形成学校特色,提倡学校抓住地方特色,确立一个大课题作为长期主题,各个年级围绕大主课题拟定班级课题,班内再细化子课题,做全做细做透。短期主题为辅。

4.课程实施

课程实施是学校综合实践活动课程实施方案的重要环节,是达到综合实践活动课程目标的主要手段,也是指导教师和学生以综合实践活动课程主题为中介而开展的教学过程性活动。

课程实施部分主要是根据综合实践活动主题活动方式的不同,给教师提供实施的大致过程和基本策略,有助于教师和学生了解综合实践活动大致过程和每一个阶段的指导任务和学习任务。如一个活动实施的大致过程包括活动的准备阶段——活动的实施阶段——活动的汇报交流阶段,各个阶段对学生和教师的要求等。

5.课程管理

课程管理包括组织管理、师资配备、课时安排、课程制度与基地建设等内容。

具体来说,组织管理包括学校根据实际,成立学校综合实践活动课程开发、实施和管理领导小组,明确各职能部门课程管理职责,建立综合实践活动课程教研组等方面的规定。

师资配备明确综合实践活动指导老师。

课时安排是学校根据国家综合实践活动指导纲要的规定,结合学校实际对本校综合实践活动课程实施作出的课时安排，并作为一门必修课程将课时安排进入学期课程安排表，有助于学校按课程实施方案有目的、有计划地实施与开展。

课程制度包括教师工作量制度、制定检查与评价制度、指导教师考核和奖励制度等，课程制度在课程实施方案中可以总体概述，每项课程制度可以作为学校课程实施方案的附件进行单列。

6.课程评价

课程评价是根据综合实践活动课程评价的理念与要求，结合本校实际，对本次学生开展综合实践活动的学业质量，对教师开展综合实践活动的指导效果进行管理，保障学校综合实践活动课程顺利实施而所作的一些规定。课程评价可以包括学生学业评价和教师评价等内容。

总之，综合实践活动的开发与实施过程是一种个性化、校本化的过程，它充分体现了课程对学生、教师和学校的适应性。

综合实践活动课程的开发和实施，是一项系统工程，更是一项大有希望的朝阳事业，准确地确定和完整地把握综合实践活动课程的基本理念和课程的价值取向，依照学生心理和认知发展水平进行课程开发，按学段分层实施，推动实践性学习的系统性，努力开辟实施综合实践活动课程的新思路。

学校活动策划注意项

了解需求

活动开展之前，需要了解一些相关信息。特别是自己做主创的活动，一定要事先了解同学的需求，包括他们是否对此有兴趣，他们希望以怎样的活动形式开展等。必要时还可以有针对性的做调研工作。

策划先行

策划是办活动的脉络，一份好的策划是成功的前提。策划书应该包括活动的总体规划、活动实施各阶段的具体安排、活动的收尾总结

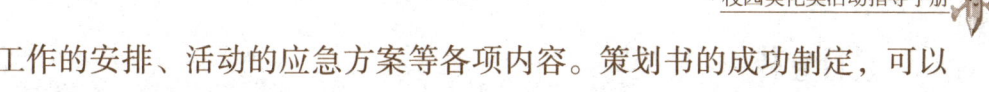

工作的安排、活动的应急方案等各项内容。策划书的成功制定,可以说是活动成功了一半。

获得支持

一场好的活动,获得领导的支持和认可,是一件非常有必要的事情。任何一个活动必须得到学校或任何与该活动的审批、监管有关的老师的支持,才能够使活动大放异彩。相反,如果他们阻挠,则会让你的心血付诸东流,所以必须尽可能获得领导的认可与支持。

组建团队

组建一个团队小组,清楚地分配人员职责。权责相应,每个人都要非常明白自己的责任。小组内部可以分为指导中心、外联赞助组、现场工作组、宣传媒体组、现场秩序组、礼仪接待组、应急人员。让每个人清楚地知道自己要干什么,会让事情事半功倍。注意:分配任务要以人为单位,而不是指派给某几个人做。团队的力量是不可忽视的。

经费来源

如果没有足够的活动经费,可以寻找赞助商,与他们进行谈判,最后取得双方认可的协议。当然这个工作主要由公关部承担,但是各个部门仍应该尽量配合好公关部工作,必要时应该由活动的主创人员与公关部详细说明活动的细节甚至参与洽谈,这是活动的需要。注意:广告不能太过分,谈判一定掌握尺度。否则商业味过浓,只会让活动失去它原本的意义。

整合资源

资源可以分为人力、物力和财力资源。所谓财力就是上面所说的经费来源;所谓人力就是指活动的策划组织团队和活动的具体执行者、参与者;所谓物力包括场地、设备、道具等。整合资源就是要将现有的人力、物力、财力恰到好处的分配给活动的各个项目,这样活动能够顺利地得到运作。

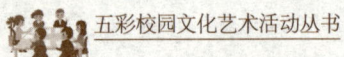

进行宣传

调足参与者的积极性，可以设置悬念，也可以以奖励刺激。比如，讲座有讲座单、现场有抽奖、参与有礼品等等。当然，这也不只是通过广告、海报、横幅等来实现的，更多的时候需要组织内部的成员进行"面传"。可能大家都没有尝试过这么做，但是这也不失为一种比较有效的宣传传播方式。

现场指挥

现场必须有一个总负责人，负责及时调度。他的任务包括：在活动举行前，事先拟定一份现场准备工作的实施细则，提前几天发给各个工作人员，同时说明他们的职责；另外，对工作人员分组，分别确定组长进行负责；制定好活动现场的布置工作具体流程，确定各工作的完成时间并严格执行。

加强沟通

活动进行过程中，要有至少一种让所有工作人员沟通的方式。比如手机短信、纸条或手势。在某些室内活动场所手机信号很差，所以必要时还是应该使用原始的纸条或者手势，实在迫不得已还可以通过传话的方式。当然应该避免影响现场活动的进行。

特别提醒

要事先安排好领掌的，即制造气氛的人员要特别安排好。对于各种可能出现的冷场的情况也应该做好相应的应急方案。另外，应该特别注意礼仪，在迎、送参与活动的高层人物时千万谨慎，不要失礼。

宿舍文化大赛策划书

活动背景

当我们成为大学生的那一刻,我们的学习生活方式发生了巨大的改变,我们不再成天埋头苦读于沉闷的教室,寝室随之成为我们的最基本组成单位了。因此,丰富我们的大学生活,营造互助互爱、积极愉悦、学习氛围浓厚的寝室氛围对我校学风的完善、文化的深化、"信敏廉毅"精神的传承显得犹为重要。

活动目的

寝室文化包含着深刻的内涵、有着丰富的活动内容和多样的活动

形式，对学生的思想修养、文化修养、综合能力等各方面有着积极的影响。

通过本次活动的开展，希望同学们能在准备中增进彼此间的了解、深化相互的友谊，达到进一步融洽学校氛围的目的。同时，由于同学们在其专业方面的特殊优势，可以使同学们在比赛的过程中一方面展示自己的才学，另一方面可以进行学习上的切磋，起到互相激励的作用、达到共同进步的目的。

活动时间

初赛：3月25日——26日

决赛：4月8日晚18：20

活动地点：教学楼、食堂广场、图书馆

活动构成

1.寝室文化艺术节征文大赛

2.寝室文化艺术节书画、摄影展

3.寝室文化大赛

活动流程

1.寝室文化艺术节征文大赛

（1）征文主题：我的寝室"情结"

（2）征文要求：体现丰富多彩的大学生寝室文化生活，反映寝室成员之间团结互助的亲情、友情，记述身边乐事、趣事等，展现我校学生积极向上的精神风貌。体现当代学生的新形象。

语言流畅、内容充实、文字精炼，要有真情实感。

题目不限、题材不限，字数：3000字以内。

请在篇尾注明作者的姓名、性别、年龄、班级、寝室。

评选1个一等奖，2个二等奖，3个三等奖，5至10个优秀奖。

（3）截止日期：3月26日。

2.寝室文化艺术节书画、摄影、手工制品展

（1）活动主题：寝室"映像"

（2）活动内容：参赛作品形式为照片、书法、绘画等，题材不限。

照片或书画皆应反映我校学生积极向上的精神风貌，生动体现寝室同学的日常生活和学习状况，富有创意、新意、寓意。

作品请注明作者姓名、性别、年龄、班级、寝室。

评选3个三等奖，2个二等奖，1个一等奖。

（3）截止日期：3月26日

一、二、三等奖，经学校批准后将设为院校级奖励。此外，征文活动的优秀奖，将可获院级奖励。

3.寝室魅力展示大赛

（1）活动要求：学生可自由报名参加。

以"参赛组"为基本单位，每班至少4个寝室参加，其中，可以选择"联谊寝室"的形式共同参加，至少2个参赛组。每个寝室，无论是否参赛，都要写一张寝室寄语。此次活动要求各寝室能够展示本寝室团结友爱的温馨情怀，并能代表本学院的特色与创意。

（2）活动流程。包含初赛和决赛两部分。

①初赛。每个宿舍借助PPT、DV、DC等形式，由寝室成员介绍室友、分享寝室的融洽氛围。各寝室可以通过乐器演奏、唱歌、话剧、小品剧等多种方式，展示寝室的活力。个人代表着寝室。各校区选手必须到指定地点参加统一的初赛选拔，通过初赛即可进入决赛。

②决赛。邀请部分老师、学生代表作为评委。

A 开场式。各寝室共同唱一首歌，以体现长安大学的团结。依据入选寝室的多少，决定每寝室派出几人演唱。

B 我寝我爱：由各寝室介绍自己的成员，并由DV、DC、PPT等形

式，展示大家平时的寝室生活。

C 我寝我秀：并在介绍同时，展示自己的才艺。展示要求：以温馨、个性为主题，同时要使寝室内的文化和本学院文化相结合。DV的拍摄，我们可以令各院宿管部协助进行。

D 我寝我创：由女生部的人员，展示各寝室设计的"废物新用"的作品，并由各寝室选出代表进行讲解。如该环节有问题不能照常进行，可邀请校园十大歌手或炫舞大赛获奖选手进行客串表演。

E 互动环节：请观众一起参与，每个人说一句话，猜室友，测试默契程度；由台下的同学点寝室表演节目；即兴表演节目或知识问答，随后赠予小礼品，并可帮支持的寝室适当加分。

以上互动节目选择性上演。

F 评委点评，并公布"最具才识寝室"、"最具个性寝室"、"最具设计寝室"、"最具默契寝室"和"最具魅力寝室"，组织奖3名。在给予物质小奖励外，还可以给予校级奖励。其中"最具魅力寝室"，可以在本学期末，直接晋级为"优秀寝室"。

G 获奖寝室上台领奖。

活动说明

初赛由宿管部筛选最佳的男、女生寝室各一个。复赛由校区宿管部负责，寝室入选个数按一定比例进入决赛。每个入选的各学院的寝室，即可获得院级荣誉。"我寝我爱"部分的DV摄制工作，由院宿管部协助完成；若有困难者，可向校宿管部申请帮助。

在"我寝我爱"环节内，请尽可能表现出自己的才学、素养，特别是寝室的温馨。同时，更要体现本学院的特色。彩排时间，定为4月2日晚、5日晚、8日上午。4月2日，为除"我寝我创"的彩排。8日上午若效果不佳，则下午增设一次彩排。在各班统计报名的寝室，在班长、支书会上上报；再将名单转交给学院；之后，选取优秀者。

教室美化的重要性

"爱美"是人的天性。典雅、优美的学校环境能潜移默化地陶冶学生美的情操，同时也展示着学校的整体形象和精神面貌。更坦白的说，在现代，一所学校的校园环境的优劣，是直接影响其生源的关键因素之一。

于是，相关文件指出："环境教育是教育部门的一项重要任务，教育部门要起主导作用"。学校的环境教育在很大程度上实际就是审

五彩校园文化艺术活动丛书

美教育,甚至有时候就可以用审美教育来代替。

正因为如此,现在的新建学校都把校园的硬件设施包括教学建筑群、校园绿化、校园文化建设等放在第一位。比如某小学创建时间比较早,有悠久的历史和良好的传统,由于没有装修,是一个很不现代化的学校。但是学校花大力气装修后,园内环境大变,集绿化、美化、儿童化于一体,是儿童学习生活理想的场所。

现代化的教育教学设施齐全,有宽敞、明亮、整洁的教室、寝室、盥洗室、衣帽间;有电脑室、图书室、科学探索室、建构室、美工室等各类幼儿专门活动室;还有多功能活动室和多媒体电化教室;每间教室均装有闭路电视、有线广播、空调等;户外有大操场和草地;还有游泳池、30米塑胶跑道、攀沿墙、海洋球池、迪斯尼弹跳堡等新颖安全的大型玩具。加上校园内绿草青青,鲜花遍放,还有公园式的小山,更显出了校园的诗情画意!像这样的学校还有很多。

一切的校园设施都是为校园的主体即学生服务的,而学生在校园里驻留时间最长的是教室。因此,教室环境的好坏其实是一个学校环境好坏的重点。所以,教室环境的美化应视作学校环境审美教育的一个窗口。小学生的教室美化尤其要讲究,因为它有益于营造小学生身心健康发展的教育氛围,这本来是学校美育的一个传统课题。

然而,在五花八门的美化中,存在着一个通病,即这些美化往往只体现了一个浅层的装饰性,而未能包含审美教育的功能。比如一些教室里,特别是低年级的教室里,装饰着许多婚礼节庆时用的彩带、图案等,还有一些教室里则张贴着一些和教学、学习生活毫不相关的图片和话语。装饰性固然能产生视觉上的快感,但它只是审美教育价值的很小部分,审美教育的宗旨是培养学生对美的理解以及由此产生的想象力和创造精神。

教室环境的美化实际上是班主任老师或者美术老师的一次美术创

作，而美术创作强调美术的语言性，所谓"仅有技巧远远不够"一句行话，谈的是任何方式的美术创作都要表达自己的理解。

教室环境的艺术营造，其真正功能是给学生创造一个学习"另一种语言"的环境。是否面对学生，是否符合学生心理、生理发展特征，是衡量你的理解是否正确合理的主要标准。

美国著名美术教育家和心理学家维克多罗丝菲德，把儿童的个性成长分为几个方面：智慧成长即学科知识；感情成长即对社会的关注；社会成长即罗列，是没有顺序的概念，丰富；知觉成长即敏感，对于一些新的超常的细节，不丰富；生理成长即环境与人，也就是环境意识；美感成长即感受理性；创造性成长即画面形象新奇，构图满；不同阶段，儿童视觉心智的发展对形象语言的接受和要求都有所不同。因此，美术语言的运用必须适合小学生的心智发展规律。

低年级学生形体概念的意识

在这一阶段，儿童对事物的认识总是把他们简单的符号化。如"那是树，一棵大树，一棵圆圆的或三角形的大树"，"那是房子，一座大房子，一座正方形的大房子"等，所以在他们的四周，营造、布置一些如行为规范之类的养成教育式的符号或概念化形象是积极而有效的。

在这一阶段，学生的智慧成长和感性成长，赖于他们对事物"有意义"和"无意义"的"知觉经验"，他们会对自己所发现的一点概念感到满意，并喜欢用一些视觉元素来作重复的排列和简单的组合。

这是儿童时代最富有幻想的阶段，思想最富有弹性和个性，很容易被外界的环境所影响。所以，低段教室的美化，应当体现内容和形象的感情化、情趣化，陈列富于流动感和线条感的形象，突出视觉元素排列的韵律，体现形象的整体上的比例关系，产生节奏，从而来使学生形成新的视觉概念，努力设置一些能够启迪儿童幻想、想象的形象物件。

关于这一点，曾经在一个学校里看到过这样一个教室布置：教室里没有过多繁杂的东西，一进教室就会被两张很大的喷绘的图纸所吸引，这一美育观点，在小学九年制义务教育美术教材的1至4册中基本得到体现。

中年级学生理智的萌芽阶段

这一阶段学生有较明显的自我意识，发展上称其为"党群年龄"阶段。

此阶段的重要性在于儿童发现了"社会独立感"，觉得他在群体里比较独立时，能多做一些事情，更有力量。这时期，孩子们的"智慧成长"已经要求摆脱样式化的表现，而"社会成长"已使他们有赖于集体的氛围，他们的个性只有在班级集体中才能得以充分发挥。

有鉴于此，教师在美化班级时，要注意表现内容和形象的特征化，特别要根据儿童的感情经验来把他认为有感情意义的部分加以特

征化，从特征上引导学生的学习情感，在题材上要注意集体性及群体参与性。

教师处理要考虑形象的完整性、组合性，注重形象的重叠组合和构成意识，注重布置时的正确的个性引导，布置一些个性的展览，如女孩子的手工，男孩子的制作，从而促进互为交流，所以在布置的自由发挥外，老师对题材的确定是很重要的。美术教材同样是教师布置的好帮手和好材料。

高年级学生模拟写实的推理阶段

这一阶段，是少年期的趋向成熟阶段。当儿童度过了"党群阶段"，便已增强了一定的自信心和自理能力。

在这阶段，学生的"智慧成长"已开始产生足够的但尚未自觉的批评意识，"生理成长"从朦胧走向觉醒，开始影响其个性的交流，所以这时候他们的"美感成长"和"创造性成长"可能显示一定的紊乱。所以在这个阶段，教师的美化教室，要体现内容和形象的直观性、个体性和明确性，要求形象优美，色彩和谐，造型大方，陈列的物品、作品要体现整体上的协调，与教师的教育要求、教育思想吻合，使非视觉概念得以同意。

必须及时地发掘对学生成长的许多领域可能会产生意义的问题和形象，尽可能体现优美、崇高和理想主义色彩。

总之，根据不同年龄阶段，在教室美化中使用不同的美术语言，对学生会产生积极的影响。低年级通过点、线、面的组合，帮助学生认识形状和色彩的概念样式，丰富他们的视觉经验和想象；中年级通过形体表现的具体性及色彩的变化和丰富，从而引起学生对群体事物的探索，帮助他们发现事物的多样性；高年级则应当使学生凭借对事物的视觉语言经验，强调形式与内容的一致，更体现思想教育的优美形象。

教室美化的布置方案

活动目的

为促进班级文化建设,营造良好的班级学习氛围,培养学生的集体凝聚力,创建一个温馨和谐的教室环境,学校特开展班级文化建设。

布置内容

1.公告栏

教室前黑板右侧。把课程表、值日表、作息时间表、班委机构、学生会各部门细则等规章制度统一张贴在"公告栏"内。

2.荣誉栏

教室后黑板右侧。用于粘贴班级集体活动获奖及班级学生获奖证书、奖状复印件等。

3.学习园地

教室后黑板左侧。用于粘贴班级开展各项活动、各类作品等。留出"每月之星"的位置，进行展示。

4.左右墙壁

根据各班的专业特点而设计，张贴名人名言画幅，有学生文明礼仪，行为规范教育素材。

5.布置黑板

国旗：要端正贴挂在前黑板的正上方。

班训班风：以大字标的形式出现，安放在黑板上方国旗两侧，用黑体字。

课堂常规：课程表、值日生名单、班级人数写在黑板的右侧。

名人名言宣传词：每天1条，可选自重要文献或名人名言书写在黑板左侧。

卫生角：摆放扫除用具，整齐有序，设专人管理或轮流管理。

6.讲台

只能放粉笔盒、黑板擦、座次表，可摆放小植物。

7.流动红旗

悬挂在教室进门左侧墙壁上。

NO3.美化校园的活动管理

绿化美化校园的意义

绿化美化校园，创建优美的育人环境，在全面实施素质教育活动中起着不可忽视的作用，也是加强学校德育、美育工作的一项重要内容。为了促进学生的健康成长，提高教师的工作能力，学校要让校园变成"绿树成荫花草满园，整洁优美清洁文明"的和谐家园。

多种花草、树木，可调节空气，绿化可保护眼睛，有利于师生身

体健康。因此，创建一种良好的花园式的教育环境对促进人的发展有十分重要的作用。

针对学校的环境特点和实际情况，校园的绿化面积不断扩大，可以从多个方面开展环境绿化美化工作。

1.加强领导，合理规划

学校领导要高度重视校园绿化美化工作。学校可召开春季校园绿化美化工作会议，并与部分教师实地查看校园环境存在的问题，共同研究部署学校每年春季绿化美化工作的基本方案。

2.作为学校建设大事来抓

学校要把校园绿化美化工作作为学校基本建设的重要内容之一来抓。学校可以在校园内原有的绿化面积上，补种上花期长的月季，鲜艳美丽的女贞；绿化美化校园环境，要尽量让大家在校园的各个角落都能感受到亲近大自然的快乐。

3.强化管理，巩固绿化成果

创建花园式学校是学校的最终目的，学校的绿化工作的目标要达到春有花，夏有荫，秋有果，冬有青，需要长远的进行规划和努力。学校目标就是要做到每到春、夏、秋三季，学校内的绿化地带郁郁葱葱，鲜花绽放。

在加强校园绿化美化工作的同时，还要加强管理和养护。为进一步管理好学校已有的这些树木，学校要安排会护理花木的老师专门负责定期浇水施肥，认真做好校园花草树木的修剪整理工作，补栽差缺树木，为防止病虫和人为损坏，还要经常对师生进行爱护树木花草、保护校园环境的教育。

总之，学校将通过校园绿化美化，让大自然的美景走进校园的每一个角落，让每一位老师和同学们都能在灿烂的阳光下，尽情地享受大自然春天般的温暖，大家都能健康、快乐的学习和工作。

校园绿化美化的实施

学校绿化美化概况

学校一般都很注重校园的绿化美化。在抓教学的同时,也要不忘抓校园绿化美化工作。学校可以在开展综合治理校园面貌的同时,进一步整顿学校环境,绿化美化校园,在确保原有的花草、树木护理基础上,新开辟一个"朝花夕拾"生态养殖园,从而使全校师生有一个及养殖和种植一身的修身养性的好去处。

学校绿化具体措施

1.提高思想,统一认识

结合工作会议,传达学习有关绿化美化环境建设的文件精神及学校绿化方案内容。认识到开展义务植树和搞好校园绿化,对学校的发展具有重大意义。把植树和育人结合起来,激发师生责任感和积极性,人人动手、个个出力,植树栽花改造学校环境。

2.建立组织,加强领导

学校可以成立绿化领导小组,由校长任组长,常识教师及学校工勤辅助人员组成。定期讨论研究绿化美化工作，规划设计绘制学校绿化平面图，使绿化工作做到有领导、有组织、有计划地开展。

3.列入日程，落实措施

学校可以每学期把校园绿化美化工作列入工作日程，行政会议研究二至三次。列入班主任工作任务的会议内容，定期研究检查行动情况。学校包干到班，班包到组，组包到个人。

4.全面规划，重点突破

全校绿化规划，按总面积的平米数新增绿化面积。具体时间可以根据实际情况，工程分三期进行。各教室前的绿化，教室、办公室内的布置工作，列为重点美化绿化项目，并设计学校校园绿化区，将进行建造和绿化。校园种植树木以常绿树为主。

5.检查评比、奖励先进

每年夏秋栽植后，进行全面检查，每周结合环境卫生进行检查，促进管理。每学期期末进行评比、奖励、表扬。

学校绿化美化的职责

学校从校领导到教职工，要形成建设花园式学校的共识，把校园绿化美化工作作为一项重要工作来抓。学校领导带头捐资出力，修建宣传标语"创文明单位，建绿色校园"。校园内的花圃、花坛需全部进行修护同时，对布局不合理的花草树木进行移植和改种，从而使整个校园更加亮丽和生机勃发。

注重养护管理，及时浇水施肥，加强植物修剪造型，科学防治病虫害。切实加强监督检查，定期对管理管护进行考核，通过教职工的努力，使校园绿树成荫，草地、花坛和各种观赏植物错落有致，形成"硬、绿、净、美、亮"的优雅环境。

美化校园的演讲稿

稿件一

优美整洁的环境，可以陶冶人的情操，塑造人的优良品格。环境是无言的老师，无字的课本。大家都希望自己生活在洁净优美的环境中，而这样的环境是由谁来创造的呢？

看，从高楼窗口飘下的不是美丽的花而是片片纸屑，刚打扫过的地面和楼梯赫然躺着饮料瓶、包装袋，小店里出来的学生一边品尝着"美味"，一边把垃圾留给脚下的土地。周日的教室里、走廊上、楼

梯处、天井里，更是让人目不忍视，不禁要问这里生活的是莘莘学子吗？我们很多人不是在创造而是在破坏！

这么大的校园，你不破坏，我不破坏，它会脏吗？脏了以后，人人都去弄干净，它会脏吗？也许有人会说：这是工人的事，我是来读书的，不是来扫地的。那么请问你读书是为了什么？古人云：一屋不扫何以扫天下。福特公司的创始人福特就是因为在应聘时随手捡起了董事长办公室地上的一张废纸，战胜了学历比他高的对手而获聘的。因为，看见小事的人才能看见大事。而且很多小事常关联着一个人的道德水准。

想起一个材料上说，某市在一次评选市三好学生时，发现这些各校推荐的优秀学生在知识、才艺方面都很出色，可是他们对考场门口横着的扫帚都视而不见，都从上面跨了过去，考试后削下的铅笔屑只有个别人是包好带出教室的。这些文化考试优秀的学生在道德考试上却交了白卷。而这样的镜头对我们来说是那么熟悉。每次考试时，总有大把大把的垃圾留在考场而被视为理所当然。很多同学常抱怨生活环境质量差，可你想到过你自己做了什么吗？

创立台湾忠信高级工商管理学校的高震东，在谈及他办学经历时说："如果教室很脏，我问怎么回事？假如有个学生站起来说，报告老师，今天是哪个同学值日，他没有打扫卫生，这个学生是要挨揍的。在我的学校里，学生会这样说，老师对不起，这是我的责任。然后马上打扫。"这才是教育，不把责任推出去，而是揽过来。

同学们，天下无大事，请先把自己的一屋扫好，请先把自己脚下的纸屑捡起来。就这样，从我做起，积累小善成大德，不扔手中的废纸，捡起脚下的废纸，这，就是爱国的开始！

稿件二

讲究卫生是个人的美德，更是公共环境的需要。只有讲究卫生，

才能有优美的环境,才能有健康的生活。讲究卫生是我们搞好学习成绩的出发点,也是我们健康成长的基础。

那如何美化校园呢?

第一,应该多种点树,这样可以让空气更清新。还应该爱护花草树木。但是在校园中,还经常看到花草树木受到不同程度的损坏,这是不应该的,因为它们对我们的贡献太大了。春天,树枝上都长出了新芽,嫩嫩的、绿绿的,好看极了。夏天,学校的树木在默默无闻地为大家服务,它们都伸出双臂让大家乘凉,每一天,学校里的花草树木把新鲜的氧气无偿地送给大家,让大家精神饱满、身体健康!这些花草树木对我们的帮助多大呀,我一定要爱护这些花草树木。

第二,我们也应该注意环境卫生,包括不乱扔果皮、纸屑,不在墙壁上乱图乱写。在学校的小卖部里,有许多同学在那里买东西。同学们经常把垃圾随地乱扔,这样做是不对的,我们应该把垃圾扔到垃圾筒里。

只有做到这样,才切切实实为环保出一份力,才能更好的美化校园。

稿件三

大家都知道,由于人类向自然界过度的索取,已经导致了大自然无情的报复:飓风、暴雨、暴风雪、洪涝、干旱、虫害、酷暑、森林大火、地震等灾情不期而至,全世界因干旱等原因而造成的迁移性难民预计会更多。

惨痛的生态教训,已经引起世界各国和全人类的重视,国际奥委会评估团视察申奥城市,就把生态环境改善列为其重要的内容。我国高度重视环保工作,先后出台了许多保护环境的政策和法规,开展了许多保护环境的工作和活动。

同学们,我们作为未来世界的主人,环保意识是现代人的重要标志。我们应当切实地树立起时代责任感。心系全球,着眼身边,立足校园。多弯弯腰捡捡果皮纸屑,不要随地乱扔乱丢;多走几步,不要穿越绿化带,践踏绿地。"勿以善小而不为,勿以恶小而为之",从我做起,从小做起,从身边做起,从现在做起。

像春游。我们春游路过的地方,总是会有数不清的零食包装袋、水瓶子等等。先不说随手拣起,其实只需要每个人"墨守陈规"就可以了。——保证自己不要扔。这样的话,既省时间又省力气。

请大家记住:保护环境就是保护我们自己!来,让我们行动起来,保护地球母亲,净化绿色校园。让我们的校园更加美丽吧!

稿件四

大堤之旁,黄河之畔,黄河森林公园之内,座落着我们亲爱的母校;教学楼的巍峨给了你雄伟,教师的温柔赋予你智慧,古城的苍郁赐以你深沉。你用最博大的胸怀包容了我们的灵魂,以最广渊的知识开启了我们的心灵,以最真挚的祝福放飞了我们的梦想。你把最美的东西给了我们,也给了我们最应该思考的问题:我们该如何表达我对你的感激,该如何让本来美丽的你更加完美?

我们应该首先献给你一首赞歌。这赞歌不是用世上最美丽动人的词句写成的,而是用我们最刻苦勤奋的学习行动谱成的;也不仅仅是

用苍白而显妖艳的成绩图画的，更多地是用我们最真诚而深刻的爱雕刻的。这赞歌不只是用来表达我们的感激，更是为了彰显你的博大，你的伟大！为了发扬你的爱之深沉，并使之深远。这是你所爱着的子女应尽的责任，也只有这样，你的付出才具有价值！

我们还应该为你的荣誉添砖加瓦。相信我们，你赐予我们的所有美都将转化为荣誉，并将全部献给你。我们希望自己的努力能使你骄傲，而不是使你伤心！虽然渺小，我们的付出你从没忽视过；虽然微薄，我们的荣誉也将使你的笑更加迷人，使你的形象更加灿烂！这是你所教育的子女应尽的责任，也只有这样，你的给予才具有价值！

我们还应该注意使你的每个角落都充溢着美。我们应该用最真诚的微笑和问候使校园处处都充满着家的温馨，使每个来到你怀抱的孩子都拥有一份温暖；我们要用勤劳的双手使校园处处都体现着洁净，使每颗进入你世界的心灵都陶醉于你青春般的清新；我们要用最简洁但不简单的装饰使你的面容更具有魅力，使每个触及你呼吸的灵魂都得到一份甜美；我们还要用最优美且深沉的语言使你的气质更为高贵，使每行融入你灵魂的目光都能感受一份优雅！这是你所关注的子女应尽的责任，也只有这样，你的爱才具有价值！

如果有一天我们远离了你，去追求我们的梦想，亲爱的母校，我们也不会忘记我们的承诺。我们会用你给予我们的知识去收获每一份成功；用你教给我们的博大去包容一切失败与成功；更会用你爱我们的方式去爱我们身边的每一个人。无论我们身处何地，使你更美是我们行动最高的宗旨；无论我们身处何境，使你更美永远是我们价值的最终体现！

因为，山高水阔天地宽，峰回路转，我们仍然并永远是你的子女！

美化校园的倡议书

尊敬的各位领导、老师,亲爱的同学们:

大家早上好!

羊有跪乳之恩,鸦有反哺之义。身为一名学子,我们该为学校做些什么呢?假如你在一个绿树成荫、鸟语花香的环镜下生活时;假如你在一个姹紫嫣红、四季如春的氛围里学习时;假如你在一个蓬勃向上、充满生机的校园中成才时;你们该又会想些什么呢?同学们都会异口同声地回答:携手美化我们的校园,让她变得越来越美好!

当我们在芳草遍地、充满花香的校园中漫步时;你一定会感到心旷神怡;当我们坐在宽敞明亮、窗明几净的教室里,吮吸着新鲜的空

气写字时，你一定会专心致志；当我们坐在整洁优雅、一尘不染的花坛边读书时；你一定会倍感心情舒畅。

优美的环境可以陶冶我们的心情，开阔我们的视野；优美的环境可以让我们懂得珍惜，学会爱护；优美的环境可以让我们知书达礼，更加文明；优美的环境可以让我们学习进步，道德高尚；优美的环境还可以让我们学会谦让，学会做人……在优美的环境中，我们沐浴着阳光，吸取着营养，畅想着未来。

校园是我们师生共同学习、生活的地方，她像我们的家，对校园的一草一木，我们都有责任爱护它。校园环境的好坏直接影响到老师和同学们的工作、学习与生活，同时，校园环境卫生也是一个学校文明程度的重要标志。

可是，在我们的校园中却有少数同学不注意检点自己的行为：你们看，门牌被毁坏，花草被践踏，还有那各种食品包装袋、饮料瓶，教室地面上的话梅核、瓜子壳……这些都是少数同学"赐予"的"点缀"，每当风一吹，这些"点缀"在校园里就会张牙舞爪，为所欲为。所有这些，都是跟我们洁净的校园是极不相称的。我坚信，没有哪一个同学希望在一个垃圾遍地、放眼斑斑点点的环境中学习与生活。所以，我向全校的同学们发出如下倡议：

1.不践踏草坪，不摘花摇树。

2.不乱丢果皮、纸屑及残渣废物。

3.不乱丢垃圾，主动清理地面和墙壁上污垢。

4.以爱护校园环境为己任，自觉维护校园的清洁卫生，做好值日生工作。

从我做起，从现在做起，从小事做起；言必行，行必果；众心齐，泰山移；未来的明天一定会更美好！

保护植物的宣传语

1. 树木拥有绿色，地球才有脉搏。
2. 除了相片，什么都不要带走；除了脚印，什么都不要留下。
3. 地球是我家，绿化靠大家。
4. 一花一草皆生命，一枝一叶总关情。
5. 来时给你一阵芳香，走时还我一身洁净。
6. 小草有生命，足下多留"青"。
7. 小草对您微微笑，请您把路绕一绕。
8. 欲揽春色入自家，无可奈何成落花。
9. 我是一只小小鸟，总是飞呀飞不高。
10. 1+1=2，一棵树+一棵树=一片树林。
11. 绿色是地球的本色。
12. 地球是我家，绿化靠大家。
13. 保护树木，就是保护自己。
14. 芬芳来自鲜花，美丽需要您的呵护。
15. 绿色——生命之源。
16. 踏破青毡可惜，多行数步何妨。
17. 红花绿草满园栽，风送花香碟时来。
18. 花开堪赏直须赏，莫要折花空赏枝。
19. 花草丛中笑，园外赏其貌。

20.我为你美丽的心灵绽放。

21.带走的花儿生命短暂,留下的美丽才是永远。

22.愿君莫伸折枝手,鲜花亦自有泪滴。

23.森林是氧气的制造工厂。

24.草木绿,花儿笑,空气清新环境好。

25.来时给你一阵芳香,走时还我一身洁净。

26.种一棵树,种一枝花,世界会更美好。

27.草儿可爱,大家爱。

28.距离产生美,谢绝亲密接触。

29.小草茵茵,踏之何忍。

30.小草在睡觉,请您旁边绕。

31.小草悄然笑,请你中间绕。

32.草生自古谁无死,就是不想被踩死。

33.保护环境是责任,爱护环境是美德。

34.地球我的家,环保靠大家。

35.珍惜植物 请走正道。

36.绿草青青,踏之何忍。

37.绿满眼,爱蔓延。

38.保护一片绿色,共享一片蓝天。

39.风雨打小草,我们爱护她!

40.请爱护我,我给你带来一片绿茵。

校园美化绿化的办法

美化、绿化、净化制度

1.美化

（1）教室摆设规范化。桌椅摆放间距合理一致；清洁工具齐放于课堂后黑板左侧；教桌干净，教室及抽屉不堆放杂物。

（2）墙壁及布置。黑板靠门一侧贴作息表、功课表，例题、范文张贴在厚纸上并挂于另一侧；两侧墙壁挂名人名言书画；后墙黑板作板报专用。

（3）办公室。每天由值日教师清洁一次，每月大扫除一次，办公室不得放置杂物；教师桌面摆放整洁、美观。

2.绿化制度

（1）划分绿化区，责任到班，区域与卫生区一致。

（2）各班由一名班长负责本班绿化管理工作。

（3）绿化管理，一年不变。

（4）绿化工作纳入德育教育范畴。

（5）绿化种植由学校统筹安排，班级护养。

（6）对积极负责绿化的班级在期末进行表扬，破坏绿化的除按价赔偿损失外，并由政教处发出通报批评。

3.净化制度

（1）管理制度。分区包干，逐级负责，责任到班。每学期调整、照顾毕业班。

（2）基本要求。地面无纸屑、垃圾、污迹、天花板无蛛网，绿化区无落叶杂草，卫生间无堵塞、无臭味，门窗无尘垢。

（3）清洁及检查时间。教室及走廊、楼梯、卫生间、校路，在早读时间前及下午训导前共清洁二次，由各班卫生员负责检查评比；草地、花圃、球场、实验楼、学生宿舍及水沟、路面每天清洁两次；全校每周大扫除一次（周末进行），不另行通知。

（4）查制度。以年级为单位，每班设劳动干部1人，校卫生检查组每天检查评比，并当日公布于"公共卫生评比栏"上；每月把评比纳入班级文明评比中；对积极履行职责的班级给予通报表扬，不履行职责班级取消班级评优资格。

校园环境管理办法

为维护绿化成果，更好的美化校园，为师生提供良好的学习、工作和生活环境，要制定校园管理制度。

1. 管理机构

（1）建立学校环境教育领导机构，负责校园绿化规则的制定、执行，负责日常具体事务的处理。

（2）负责绿化工作的宣传，组织师生员工积极参加义务植树和责任区的维护。

（3）为了使学生养成爱劳动和自觉爱护校园绿化的良好习惯，学校划分一定的绿化责任区，由各年级学生进行简单劳动，绿化专业人员负责技术指导。

2. 若干规定

（1）不准随便砍伐、挖掘、搬移树木。

（2）不准在树上钉钉子、拉铅丝、拉绳或直接在树上晒衣服。不准将自行车等物依靠在树干上。

（3）不准在绿地上堆放物品、停放自行车和进行体育活动，更不准践踏草坪。

（4）不准采摘花朵、果实、剪折枝叶。

（5）不准向草坪、花坛和水池等绿化场地抛扔果皮、纸屑、吐痰、泼倒污水。

（6）不准在草坪上、廊亭内、园林桌凳上吃饭、饮酒。

（7）不准进入花坛及养护期间的封闭绿地。

（8）不准污损园中绿化小品及建筑设施。

3. 处罚办法

（1）损坏树木、花草以市价3至5倍罚款。

（2）采折花朵，每枝以3角至3元不等罚款。

（3）损坏草皮按每平方米五元罚款。

（4）在绿地、草坪进行踢球等体育活动，每人罚款××元。

（5）采摘花果，以每枝2元罚款。

（6）损坏园林小品设施者，按修理价两倍赔款。

（7）不准将学校花卉、盆景、苗木携带出门，门卫有权扣押，并处以市价5至10倍罚款，由校派出所协助执行。

（8）偷捕水池观赏鱼，按每尾1元罚款。

（9）凡是违反上述规定不听劝阻者，或已造成损坏、损失而又不接受处罚者，情节严重的除执行处罚以外还要建议所在单位给予行政处分。

4.人人有责

望全校师生员工自觉遵守本规定，并积极向一切损坏绿化的行为作斗争。对积极维护本办法保护绿化有功者，将给予一定的奖励。

校园设施的管理

1.因地制宜进行管理

校园的建筑设施要尽可能因地制宜，布局合理。房舍、道路，绿化的设计构思，布局安排要朴实美观。

（1）教学区和生活区原则上应予分开，以保证教学区清静有序。

（2）校园建设要有总体规划和实施计划。

（3）学校有负责校园环境建设和管理的职能部门，有专人负责，并配有一定数量的维修人员、卫生清洁人员和绿化工作人员。

（4）成立以校长为首的校园绿化美化工作领导小组，由总务处具体实施校园绿化美化工作。

（5）校园环境建设和管理应列入学校工作计划。师生员工应养成良好的卫生习惯。保持环境的整洁，爱护学校的一草一木，不在校园内边走边吃瓜果食物，不随手乱丢纸屑等杂物，不随意攀折树枝、采摘花果。树立以维护校园环境为荣，损坏校园环境为耻的优良风气。

（6）制定规划时应集思广益、博采众长、科学论证、精心设计，力求做到实用性与艺术性、经济效益与社会效益的完美结合、和谐统一。

（7）根据学校整体格局，认真制定学校校园绿化美化的长远规划。绿化美化校园建设的蓝图，应包括树木花草配置，花坛、雕塑、亭、台、回廊等建筑小品的设置和安排，以及人力、物力、财力的配置等。

（8）根据规划，按不同绿化区域的条件、类型、作用以及植物不同生长习性，因地制宜、因时制宜地种植各种花卉、树木及草类，搞好校园花木的有机配植。

2.花草、树木、苗圃管理

（1）落叶树与常青树相结合，以常青树为主。

（2）乔木与灌木相结合，以乔木为主。

（3）观赏树与经济树相结合，以观赏树为主。

（4）木本与草本相结合，以木本为主。

（5）点、线、面相结合，以点、线搭配植物为主。

（6）建立苗圃、花房等形式的绿化美化基地。利用这些基地，在满足学校园林绿化各种规格、品种、数量包括各种花卉、盆景、树木

需要的基础上，积极开展绿化科研教学活动，培植新的品种，尽可能地提高其经济效益，做到"以绿化养绿化"，从而增强绿化自我发展的能力。

（7）广植树、栽盆花。利用树盆花易搬动的特点，搞好学校接待室、办公室、会议室、教室等室内的绿化美化。

（8）搞好校园花木的维护保养，做到"四要"：春要栽、夏要剪、秋要管、冬要保，还要做到适时施肥、浇水、修剪等，防治病虫害，从而达到绿化美化校园的目的。

（9）对故意毁损树木花草的，不论是教职员工，还是学生，均要给予处罚并责其赔偿；如因图方便跨越护栏造成花木损失的也要给予相应的处罚。

（10）花木工要不断提高花木培植技术和管理水平，认真履行职责，搞好科学管理。

绿化养护管理制度

校园绿化是美化、净化校园环境的关键，是展示校容校貌的自然生态亮点，是陶冶师生情操的根本途径。为加大校园绿化管理力度，一般都需要一定的制度来管理。

绿化养护管理制度

1.校园绿化的总体规划、布局设计必须委托园林部门规划设计，校长室进行充分论证，符合校情给予设计方案认可。校内绿化的实施必须从学校实际出发，依据绿化总体规划设计方案严格进行，任何人不得随意变更规划，实施过程中必须调整规划的应经过校领导集体研究决定后，方可实施。

2.校园绿化管理责任人为绿化管理员，校园绿化管理机构是以分管校长、总务主任、绿化管理员组成的绿化工作领导小组、团队牵头，绿化管理员挂帅对校园内各类树种、盆景挂牌，落实对口班、团、队，划分维护监管责任区域责任到班，形成校园绿化维护网络。

3.校园绿化实施计划均由总务处编制，报绿化工作领导小组讨论，经校长室论证审批后再由总务处根据计划进行实施，公共部位的盆景、花卉合理摆放，适时调整以及移盆、分植、养护。

4.校园绿化凡名贵、常绿盆景、四季花卉以及地栽乔木应根据树种、规格、数量进行登记造册，建立健全必要的绿化管理台帐。凡出现自然枯死、萎谢的必须由绿化管理员填写注销单经分管校长、总务主任签字后才能销帐，人为因素造成的枯死，萎谢追究管理者的责任，并与奖金或承包费挂钩。

5.校园以及有关处室四季摆放的盆景、花卉，任何人不得随意带出校园，绿化管理员也不得随便赠送他人，学校教职工也不得将个人的盆景花卉带到校内存放。凡发现有人将校内盆景花卉带出校园，门卫必须凭总务处开具的出门证放行，教职工个人的盆景花卉存放校内养护的，在进校时应先到总务处登记注册，未办理相关手续的一律作为校产所有，办公室及公共处室的盆景、花卉摆放均由绿化管理员统一安排调度，其他人员不得自行选择摆放。

6.校园绿化的全年养护管理实行公开招标确定专业养护管理队伍。养护协议一年签订一次，养护费用凭养护单位提供的花木销售剪额发票年底一次付清。养护过程出现的枯死、冻死、干死的树木、灌木、常绿观叶植物均按原采购价赔偿或赔偿同规格同品种的树木、盆栽。

7.校园绿化中的乔木、盆景、花卉、草坪师生共同维护，任何人不得随便踩踏草坪、攀摇树杆、采摘花朵，凡发现有人恶意损坏校内树木、花卉、草坪者从重处罚，除给予批评、通报和一定的纪律处分外，还处以赔偿。体育课、课外活动课体育老师要加强常规巡视。安排分散活动时，应充分注意远离绿化带，禁止学生在云梯、单杠等处模仿灌篮和足球射门动作，以及在绿化区域投掷实心球，以避免踩踏绿篱和撞击围护栏。

绿化养护管理标准

1.成活

新种树木特别管护，及时浇水、修剪、培土、扶正、绑桩、治虫等，成活率要达到90%以上，常年树木成活率达到98%。

2.植保状态

防治病虫害，大面积防治每年不少于4次。无病害率达到85%，无虫害率达到90%以上。

3.草木花卉种植

常年定型花坛，指令性草花种植区，全年更新两次。身苗由苗圃供给，种植后要及时管养，要求长势良好。

4.树木修剪

常年按季节进行修剪，全年不少于3次，分别为6月下旬，9月下旬，12月下旬；易疯长树木应不定期修剪。要求无枯枝、死树、陡长枝。

5.除草

杂草高度不超过10厘米，按100平方米计算，每平方米不超过10株，草势旺盛期应适当增加除草次数。

6.浇水施肥

按树木长势进行不定期抗旱浇水或排涝，全年冬春施肥不少于两次。

7.清理

绿化区域土地平整，无杂物，无枯枝烂叶，砖石不超过3立方厘米，除下的杂草，修剪的废枝应及时清理处置。

8.种植及临时劳动

及时完成当年树木种植、搬迁任务，并协助有关部门共同完成校庆、节日、会议会场的绿化。

9.检查评比

按照每个所承担的绿化种植、养护责任，每月检查评比一次。

NO4. 美化校园的黑板报设计

校园黑板报的概述

用粉笔在黑板上描绘出的图画，称为黑板画，也叫粉笔画。

黑板画是用简练的形象来强化宣传内容的，不但能引起读者的兴趣，还能活跃、美化版面，起到图文并茂的作用。

黑板画的特点

由于受黑板、粉笔等工具条件的限制，黑板画不能像其他绘画那样详细描绘形象。因此，黑板画要求形象概括，特征突出，线条简练。

黑板画的表现方法

1.单线画法

单线画法，就是用单线条把形象的主要特征，简练概括地画出来。单线画法要求线条清晰，构图明确。

画法步骤是：先画主线即形体大轮廓线，然后再画副线即形体结构线，最后用肯定清晰的线条勾画完成。

2.色块画法

色块画法，就是用不同的粉笔色块来表现形象，也叫色面画法。色块画法要求色彩有深浅对比、冷暖变化。

画法步骤是：先用单线画出形象的轮廓和结构，然后根据形象用不同的色块平涂各部位。

3.单线平涂法

单线平涂法，就是用单线条与平涂的色块结合在一起表现形象，也称线面画法。这种画法比单线表现的形象更为丰富。单线平涂法要求有线有面，色彩有深浅、冷暖对比。

画法步骤是：先用单线画出形象结构，然后根据不同需要，将某些部位平涂色块，最后用清晰的线条将没涂色块的部位重新勾画一下。

黑板画，无论采用哪种画法，线条都要简练明确，色块要有对比，形象要概括，特征要突出，画面要整洁美观。

黑板报基础知识

1.工具及材料

黑板报常见的工具有直尺、三角板、圆规。

教学用量角器、黑板刷、水桶、抹布、粉盒，长约6m的样线，彩色粉笔等。

2.注意事项

文字的字数一定要事先计算好，学习一些可有可无的删去，以达到文字能够完整且美观地"放"到设计版块内。

标题最好单列出来，且不一定放在段首，可置于段中或侧面或图案之中，怎样会更吸引人注意。

要先画图形后，书写出文字，这样可调整文字的段落，随图案的变化而变化，避免形成空缺或文字被部分图案盖掉。

由于刊头是板报的主题。要设计得十分醒目，且要大于其他图案和花边。选取也应与环境色彩有区别。

版块之间的划分，不一定全用直线或曲线来分隔，选用一些有趣的花边分隔也是一种好方法。

3.大致步骤

（1）先在草稿纸上构思，设计出板报的刊头、版式、标题和文字。

（2）到黑板前用黑板刷刷去上期板报的文字及粉尘，然后用湿抹布擦净黑板。

（3）依设计的版式或概括地勾出各版块。

（4）用直尺或粉线在各版块打格子，注意横竖结合。

（5）画上刊头报花，再填写标题的文字。

（6）完善板面，对不满意的地方做一些修改，做到尽善尽美。

黑板报的标题及报头

标题设计

黑板报的标题，有通栏标题和文章标题。

通栏标题，大多数是为了概括突出版面的主要内容和中心思想，使人一目了然。而文章标题，则是一篇文章的题目或者内容的概括。标题如果运用得当，能起到"画龙点睛"的作用。

1.标题的形式

标题和报头标题字是有区别的。

报头标题字是写在报头画之内的字，是构成报头内容的一个组成部分。而标题则不在报头画之内，它是写在整个版面上方或者文章前面的。

标题可分为庄重严肃性标题和活泼性标题。

庄重严肃性标题如"庆祝国庆"、"党的光辉照我心"、:祖国在我心中"、"学雷锋，树新风"等。活泼性标题如"知识天地"、"成才之路"、"庆祝六一"、"我的家乡美"、"迎新春"

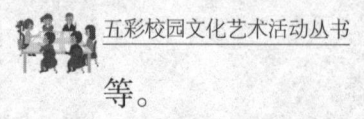

等。

2.标题的字体

标题的字体可以根据文章的内容而定。内容庄重严肃的标题,多用黑体、宋体等字体,给人以醒目、美观、大方之感。内容活泼的标题,可用变体、行书等字体,使人感到生动活泼。

标题的字体结构要均匀,笔画要清晰。要注意通栏标题的字体需大些,文章标题的字体适当小一些。两种标题的字体大小,要根据版面来设计、书写,版面大的字体大些,版面小的字体小些。

3.标题字的写法

(1)计算。写标题字之前,要看字的总数占黑板总版面的大小或长、高,并在纸上计算出每个字的大小或长、高、字与字的间距,做到心中有数。

(2)划格。当标题字算好以后,开始在黑板上划格。划格有两种方法。

一是用长直尺把标题的位置、长短包括字距在黑板上直接划出格来。

二是用若干个皮筋,有多少个字用多少个皮筋,联结起来,按标题的位置,将第一个皮筋的一头固定在第一个字的左端,然后将最后一个皮筋拉向最后一个字的右端固定好。再用粉笔在每个皮筋的联结处划线,就是每个字的宽度即左右分格线。当字的宽度分格线划好后,还要用长直尺将高度即上下线,由左向右统一划出来,最后用短尺在每一个方格里划出字与字的间距线,就算完成了。

也可用松紧带,在上面点出等距离的点,按上述方法拉长,就可以划出均匀的字格。

但是,无论用什么方法划格,线条一定要轻些,以能看清为准。线条太重,则会影响版面美观。

（3）书写。标题字可以用宋体字，也可用黑体字。

宋体字的写法是，先用单线写出字的结构，然后再按宋体字的笔画要求加宽即可。

黑体字的写法有两种。

一是用板刷或油画笔蘸水在黑板上写成黑体字样，趁字迹水分未干时用粉笔勾出轮廓即可，也可以用粉笔涂实字体。

二是用旧书纸或旧报纸，按字体宽窄折叠起来，蘸水在黑板上写成黑体字样，再用粉笔勾出轮廓。还可以用单线写出字的结构，然后再按黑体字的笔画要求，加粗字体即可。

待标题字写完后，要检查字体结构是否均匀、大小一致，如果出现问题，要加以修改。

报头设计

报头是与文章的标题相配合的题头画，是由画面、报头字组成的。

报头既能突出板报内容的主题思想，又能美化板报的版面。

1.报头的构图

报头和其他绘画一样，也要注意构图问题。构图离不开构思，构思则离不开文章的内容和标题。因此，报头的构图就要围绕文章的内容和标题进行构思设计。

（1）报头标题字。报头标题字是构成报头内容的一个重要组成部分，它和报头画面交织在一起，相辅相成，起到图文并茂的作用。

报头标题字，一般占整个报头的三分之一左右。可以加在报头画面的上方、下方或者左方、右方，也可以写在中间或者偏向一角。

报头标题字的字体可根据画面需要写成黑体、宋体、变体、手写体等。但是，要注意字体和画面的和谐统一，不能彼此孤立。

（2）报头画面：报头画面要结合文章的内容和标题来画，要求形象概括，主题突出，重心稳定，字画紧凑。同时，画面还要有动有静，有虚有实，整体感强。

（3）构图形式：应把报头标题字和报头画组织在一起，统一布局，形成一个完整的报头构图。常用的构图形式有对称式和均衡式两种。画对称式构图或均衡式构图时，可根据画面需要，用不同的几何形作外形，以辅助报头，使构图更加严谨、完整。

2.报头的画法

报头的画法要视文章内容和标题而定，可简可繁。

庄重严肃的内容和标题，可以结合人物、建筑物或纪念标志来画。活泼的内容和标题，则可以结合动物、花卉、风景或日用品来画。

报头画要整体布局，合理设计好字、画的位置和比例关系。一般是先画好几何外形，然后再添加画面形象和标题字。有些报头画也可不用几何形作外形，先画好画面形象，然后再写标题字。

3.报头的色彩

报头是黑板报版面比较突出、醒目的部分。报头的色彩直接影响到报头的效果，因此，画报头时要搭配好色彩。

（1）简洁明快。要注意整个报头画的色彩应该有主调，不宜太复杂，要简练明快，突出主题。否则，画面就会零乱，整体感不强。

（2）画面新鲜。要注意报头画的色彩有新鲜感，运用冷暖对比和深浅对比，使画面引人注目。

（3）字画互衬。要注意报头画中的形象和标题字的颜色有鲜明的对比，使字和画互相衬托，交相辉映。

黑板报的文字及编排

美术字

美术字，是指有图案意味或装饰意味的字体，也可以说是经过艺术加工的字体。它不仅结构严谨，笔画秀丽，而且字形工整，美观大方。因此，黑板报的报头和标题多用美术字来写。

1.特点和基本笔画

（1）宋体美术字。特点是端庄大方，古朴挺拔，结构紧密，笔画横平竖直，横细竖粗，点如瓜子、撇如刀形。字形有正方形、长方形、扁方形等。

（2）仿宋体美术字。是由宋体字和楷书结合变化而来的字体，特点是刚劲有力，结构匀称，笔画横平竖直，横竖粗细一致，点如三角、撇如长刀形。字形有正方形、长方形、扁方形等。

（3）黑体美术字。特点是粗壮有力，庄重醒目，结构均匀，笔画横平竖直，粗细一致，方点、方角。字形多为方形、长方形等。

（4）变体美术字。是对宋体字和黑体字的字形、结构、笔画进行适当的加工、变化、装饰、美化而成的各种字体。特点是新颖别致、生动活泼、丰富多彩。笔画变化要简洁明朗、生动活泼、连贯一致，通常有装饰美术字、象形美术字、立体美术字和阴影美术字等。

2.美术字书写规律

（1）平稳。由于汉字的结构是方形，所以美术字的外围要平稳。

笔画一定要横平竖直，摆正放稳，才显得端庄大方。

（2）匀称。在安排美术字的结构时，要使字体的笔画分布匀称，合理协调。如果笔画或大或小，或紧或松，就会造成字体松散或者拥挤。

（3）穿插争让。美术字的笔画、部首各有不同。为了使字的笔画之间，互相呼应，重心稳定，就要对字的某些笔画进行适当的调整和安排，使其穿插有序，争让合理。

所谓穿插，就是对美术字的笔画交插延长；所谓争让，就是对字的某些笔画向前争抢一步，而有的笔画就要向后退让一步。

（4）顶格、缩格、出格。这三种方式各有特点。

顶格，就是将美术字的主要笔画或边缘笔画顶住字格，但是要注意恰到好处，不能过头。

缩格，是将某些字的笔画向回收缩，因为有些字的外周笔画与字格边线相平行，在书写时就不能压住或靠紧字格的边框线，要收缩调整，如"国"、"司"、"日"、"山"、"南"等字。否则，这些字会显得肥大而不协调。

出格，是三角形、菱形之类的字书写时，可以将其点、撇、捺的笔端适当出格，如"人"、"会"、"命"等字。出格也要注意适可而止。

（5）密收。汉字的笔画有疏有密。

写美术字时，对于笔画稠密的字，要适当收缩或者减细其笔画，以避免这类字过大而使得字格盛不下，如"健"、"锻"、"警"、"譬"等。对笔画稀疏的字，要力求开阔，撑足字格。

3.美术字书写步骤

（1）根据字数和需要确定字体、大小，并划好字格。

（2）分析每个字的结构、笔画，并合理安排布局。

（3）轻轻勾出字的单线结构。

（4）加粗字的各个笔画。

（5）修改整理细部。

文字编排

黑板报的文章内容，占版面的绝大部分面积。

如何将不同内容的文章组织安排好，使版面编排得既整体统一，又美观大方，就必须认真分析研究所有文章的内容和文字的长短。

1.分类

为了编排好版面，就要对文章加以分类，把同类内容的文章归纳在一起编排。

对内容重要的文章如"国内新闻"、"改革之路"、"学校新风"、"连队新事"等，要安排在版面的明显位置，以便引起读者的注意。

对其他文章如"周末文艺"、"六一歌声"、"知识天地"等，也尽可能集中安排在一起。对文章分类，要做到主次分明，中心突出。

2.编排

文章分好类以后，还要计算出每篇文章的字数，然后统一编排出每篇文章的位置。文字安排大多为横排方式，为了活跃版面，也可以适当地安排一些竖排字。由于人的阅读习惯是自左至右，横向观看，所以竖排字要少。

在文字安排时，还要注意每行字数不宜过多。过多，一则版面不活，二则读者读起来费力，眼睛容易产生疲劳感。因每期文章内容各不相同，版面编排也要有所变化。要多动脑筋，多分析，认真研究，力求每期版面编排都具新意。

黑板报的整体版面

尾花的画法

1. 尾花的特点

当文章抄写完后,有时版面会留下一些空间,为充实版面的这些空间就需要一些尾花。尾花可以结合文字,也可以不拘文字内容而灵活安排。

2. 尾花的画法

(1)规则形尾花:规则形尾花是用几何形,如圆形、椭圆形、方

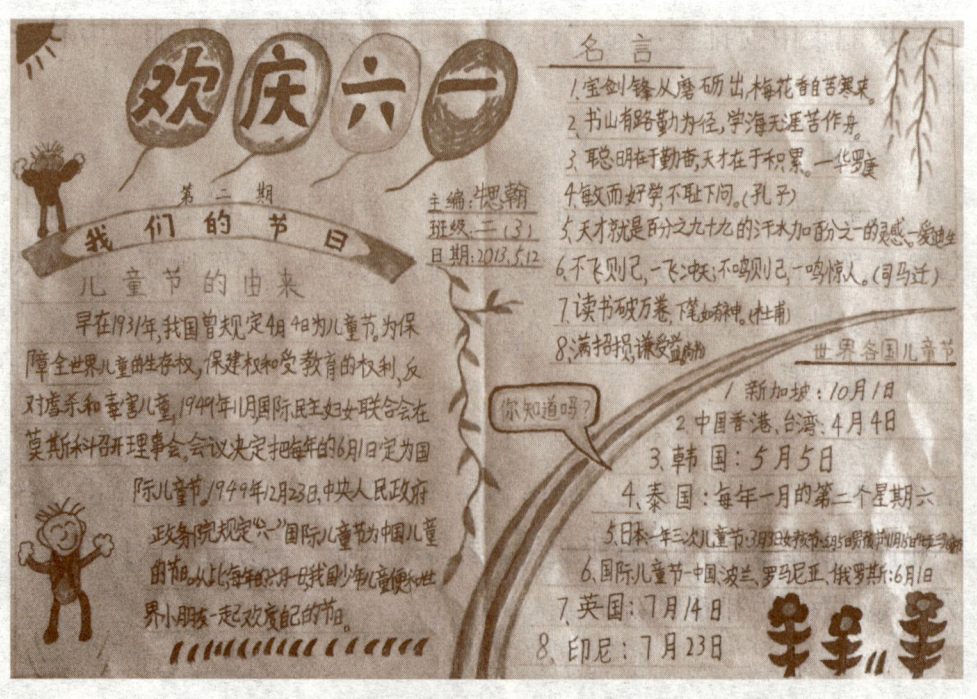

形等,组合在一起表现的花纹图样。画法步骤是:先用几何形轻轻画出尾花的形体结构,然后根据不同需要涂色,最后用清晰的线条勾画整体轮廓。

(2)不规则形尾花。不规则形尾花是用单线及色块直接画出的花纹图样。这种花纹图样不一定用几何形表现,可以随意而画,但形象结构也要简练。画法步骤是:先用单线轻轻画出尾花的形体结构,然后对某些部位平涂颜色,最后用线条勾画轮廓。

花边的画法

1.花边的特点

花边多用在文章之间,起间隔区别作用。有时为了突出某篇文章内容,也用花边装饰一下。花边通常画成长带状,花边上的花纹图样要工整、简练。

2.花边的画法

花边也叫二方连续纹样,是用一个基本纹样,向左右或上下两个方向重复排列,延长成连续纹样。形式有直立式、水平式、散点式、斜列式、波浪式等。画法步骤是:先画出两条左右或上下方向的平行线,线的宽窄要适宜,然后在线内设计一个基本纹样,最后按这个纹样向左右或上下方向延续画下去即可。

版面设计

黑板报的版面包括文字、报头、标题等内容。每期的版面,都要事先考虑一下布局,根据内容来统一设计安排。做到重点文字内容突出,标题生动活泼,报头画美观大方,起到应有的宣传作用。

1.文字

在版面设计时,首先要对文字稿件的内容作全面了解。看一共有几篇文章,每篇文章有多少字,占版面多大位置。然后整体规划,统一布局,合理安排文字稿的位置。要注意把重要的文章放在突出醒目的位置，其他文章如长篇和短篇的可穿插安排。文字稿多采用横排方式，也可以根据文字的内容采用少量竖排方式，但是竖排文章要短小精悍。

2.报头

在安排文字稿的同时还要考虑选用什么报头。报头画，是配合文章内容或者根据版面需要而设计的，可以结合重点文章的标题画在一起，也可以单独画在题目旁边，还可以画在文章的中间。报头画通常安排在版面的左上方、右上方或者中间。

3.标题

标题是配合文章内容或者根据版面总的需要来安排的。标题可分为通栏标题和文章标题两种，通栏标题是整个版面内容的主题思想，多横排在版面的上方，也可以竖排在版面的左边。文章标题是每篇文章的题目，可以和题头画合在一起用，也可单独横排或竖排在文章的上方、左方或中间。

4.插图

插图也称黑板画，是根据版面文章内容的需要来安排的。插图要紧密配合文章的中心思想，可以画在文字的一旁或额头，图形可大可小。但是要注意，插图不宜过多，以免造成版面拥挤。

5.空隙

所谓空隙，是指在版面设计中，要注意文章、报头、标题和插图之间留出一定的空间。不能将文字、报头、标题和插图书写绘制在紧靠黑板的边沿。要留出"天"、"地"和左、右空隙，四周边沿至少要留出一个字的空间，一般为5厘米左右。

总之，黑板报的版面设计，要求文字安排得当，报头、标题、插图等搭配合适。做到整体布局、穿插灵活、主次分明、条理清楚，使版面美观大方、生动活泼、图文并茂，达到好的宣传效果。

黑板报的文字书写

黑板报除了有美观大方的报头和标题外,文字书写也是很重要的。

好的粉笔字,不仅能增加版面的美感,而且还能吸引众多读者。因此,板书美不美,将直接影响到宣传效果。

执笔姿势

板报书写的执笔姿势,同钢笔、铅笔的执笔姿势略有区别。一般是用拇指、食指和中指握住粉笔的前端即可,注意粉笔不宜握得太靠

后，以防书写时折断。

板书字体

书写板报的字体应该工整、美观。

常用的板书字体有楷书、细等线体、仿宋体和行书等。板书的字体要根据文章的内容长短而定，文章内容简短或突出的可用楷书、仿宋体来书写，文章内容较长或活泼的可用细等线体、行书来写。

无论采用哪种字体书写，字迹一定要清晰、规范、整洁，且不能用草书和一些不规范的字体书写，以免影响版面美观和读者兴趣，助长书写不规范字的不良习惯。

板书的写法

黑板报的粉笔字，虽不像毛笔字、美术字那样有严谨的章法和要求，但也要懂得汉字的基本结构和各种字体的笔画变化规律，这是写好板书的最基本要求。

1.细等线体

等线体也称黑体字，其特点是笔画粗细一致，结构严谨。细等线体不像黑体字那样粗壮，而是用粉笔按汉字结构在黑板上直接写成的一种字体。要求字体平稳，结构合理，笔画横平竖直，起笔落笔整齐，拐角略圆，排列均匀。

书写过程中，要不断转变粉笔与板面接触的角度，以保证笔画粗细一致。细等线体可长、可方。

2.仿宋体

用粉笔在黑板上写仿宋体字，可按照美术字中的仿宋体字结构、笔画去写。

要求笔画粗细一致，横平竖直，点、撇、捺、钩有尖锋。仿宋体粉笔字，不像美术字中的仿宋体那样要求严格，可以有不同的书写风格，如将字体的横画略斜着写，其他笔画写法不变。

用粉笔写仿宋体字，一定要力求字体清秀，工整美观。

3.楷体

用粉笔在黑板上写楷体字，可以参考书法中楷书字的笔画来写。尤其是要注意结合硬笔书法中楷体的写法来写，它的笔画机动灵活，工整清晰，适合粉笔板书参考之用。

用粉笔写楷体字的"点"、"撇"、"捺"、"钩"时，要略有尖锋。横画、竖画起笔顿挫，收笔顿挫。拐角略圆，弯钩自然轻松。随着笔画的变化，也要转动粉笔，以保证字体均匀。

粉笔写出的楷体字，不会像毛笔楷体字那样丰满圆润，也不会像钢笔楷体字那样富于变化，但只要把字的笔画、结构安排得匀称协调就可以了。

4.行书

用粉笔在黑板上写行书，虽不像毛笔字那样结构严谨，笔画规范，但是仍具有毛笔字的基本结构特点。因此，粉笔行书中的点、横、竖、撇、捺、钩等笔画起笔收笔要交待清楚，偏旁部首之间要搭配好，字与字之间要相互照应。

尤其是考虑到通篇文字的书写，既要有行书的特点，又要有整体的美感。千万不能认为行书就是随意而写、随意而变，以致版面文字大大小小、潦潦草草、杂乱无章，使读者难以辨认，失去应有的宣传效果。

初学者板书不好的原因有很多：没掌握住字体的结构，书写时不是上部大就是下部大或者左边松右边紧，造成字体笔画结构不协调，不匀称；没掌握住字体的笔画变化规律，书写时笔画之间缺少穿插争让和相互呼应的关系，造成字体松散无力或者呆板单调；练习得少，书写不熟练，或者没按字体结构与笔画变化的要求去写，造成字体笔画该平的不平，该直的不直，不方不正。板书字体的不足是完全可以克服的，通过多看、多写、多练，就能逐步掌握书写规律和方法。

颜色和书写格划法

为了使黑板报上的文字清新醒目，板书文章时要多用白色粉笔抄写。其他颜色如红、蓝、绿、紫等，除用于报头和标题外，一般不宜用于抄写大段文章，以免大片文字深暗，使版面显得零乱。

抄写文字前，最好先划格。在能移动的木制黑板上划格，应先在正面量好文字的行距和字距，然后用白线按文字的行距和字距分别拉直，并延转到背面的左右、上下四边，用图钉固定住即可。写完文字后，把白线去掉。如果时间紧或者板书较熟练，也可以只用白线划横格即行距，不划竖格即字距。

在固定的黑板如用水泥、木板、玻璃制作的黑板版面上划格，先量出文字的行距和字距，然后用白色棉线拉向黑板的左右、上下四边，用胶布或者胶带纸固定即可。文字抄写完毕，去掉棉线。

当然，还可以用粉笔和直尺直接在黑板上划格，不过应注意划出的线条要轻，能看清就行。

黑板报制作常用技巧

粉笔的使用方法

掌握正确使用粉笔的方法十分重要。反复旋转笔头可以使笔保持尖细,这样使画上去的形象更确切,更突出冲击力。

许多学生为画有立体感的物体而烦恼,这里有一个小窍门:平躺笔身,使用力度随所需颜色深浅而变,或者根据粉笔本身颜色的深浅差别而选用不同颜色亦可达到目的。

色彩搭配的要领

感情色彩:对其的研究,这里就不细解释介绍了,但作为一名办报者,如果对色彩的选取与主题不符,办出板报就不协调了。

色彩对比：在确立了大体色彩后，小面积地使用一些临近色或补色等对半高画面有一定的补充作用。

交叉使用：同一色彩在不同的区域反复使用，同样也能达到丰富画面的使用。

一幅板报最好选用四至八个颜色搭配，这样板报色彩才显得丰富，太少就显得单调，太多又显得凌乱。如果粉笔盒的色彩不够，可以用其他色来调。

刊头设计的思路

刊头是黑板报的主题，亦是黑板报的灵魂与统帅，对黑板报能否成功起着举足轻重的作用，所以在进行刊头设计时，要先考虑的是反映出该板报的主题，摆放的位置是最显眼的位置，同时要注意与题范及内容的呼应与协调。

刊头文字是刊头的中心，也是黑板报的"重中之重"，所以刊头文字内容务必精简概括地反映出板报的主题。文字字体，最好设计为一些美观的美术字，或根据画面需要，适当改变字形、大小及笔画，以及利用一些点、线、块来构成笔画等。

图片内容最好为一些抽象化的人物、道具、场景等，并配合文字构成整个刊头，在色彩搭配上尽量让二者保持既统一又有对比的关系，比如红与蓝，蓝与绿等。

板报字体的选取

表现军画、体育等话题，一般选用刚毅有力的字体，如黑体、综艺等字体。

表现女性、节日等话题，一般选用圆润的字体，如琥珀、圆体等字体。

表现儿童、学习的话题，一般选用较为活泼的字体，如花瓣等字体。

让校园黑板报活起来

众所周知，黑板报是班级环境建设的主阵地，在美化班级环境，进行品德教育，培养学生能力等方面起着十分重要的作用。

可是，有的黑板报却逐渐成为教师工作中一个忽视的角落，它的作用也似乎只是点缀教室墙面，应付上级检查。特别是在小学低年级，由于学生认知能力低的特点，两周一次的黑板报多数成为班主任一手包办、劳心劳神的伤脑筋事。于是，写几个大字，画一幅简笔画便成了黑板报永恒的主题，如新学期、新打算、庆祝××节、金色的

秋天……这样的黑板报不费心思，花时又少，但它除了老师的美术字、简笔画赢得学生一两句赞叹以外，便再也没有什么能引起学生的关注了。

如何让黑板报活起来，使它真正成为一块会说话的黑板，陶冶学生的情操，培养学生的能力，这需要一定的技巧。

教师不妨指导学生在黑板报上开辟以下几个小栏目，为黑板报增添新鲜的血液，从而使它鲜活起来。

小栏目一：小小气象站

培养学生关注生活已成为当今教育中一个十分重要的话题。关注每天的天气变化，及时增减衣服也是人的一项生活本领。

为了使学生养成每天收听天气预报的好习惯，教师可以充分利用黑板报的空间，开辟了小小气象站栏目，栏目中设有日期、天气、最高气温、最低气温、小气象员等几项内容。

全班学生按座位次序轮流当每天的小气象员，收听天气预报，做好记录。几个月下来，每个学生都可以做一回小气象员，这一栏目也会成为倍受学生关注的一角。如果偶尔有哪个学生做小气象员那天忘了收听天气预报，别的同学可以立即告诉他天气情况。"明天要下雨了，带好雨伞"，"这几天天气特别寒冷，气象台提醒大家要预防感冒"……这些本来是老师提醒学生的话，就会变成孩子们互相关照，甚至倒过来提醒老师的话。

小栏目二：班级争星榜

表扬激励是班主任工作中最常用的方法。对孩子来说，如果自己的名字被老师写到黑板上进行表扬，那是莫大的欢喜，它的激励作用是口头表扬远远不及的。

因此，我们可以在黑板报的一角开辟班级争星榜栏目，具体可设作业优秀星、卫生保洁星、积极发言星、文明守纪星、两操认真星等

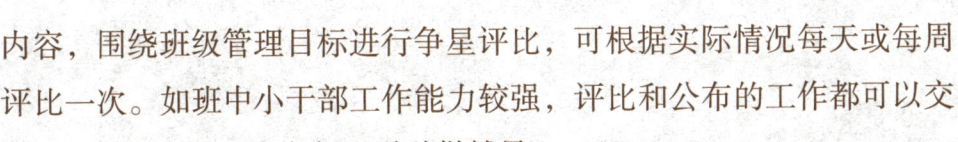

内容，围绕班级管理目标进行争星评比，可根据实际情况每天或每周评比一次。如班中小干部工作能力较强，评比和公布的工作都可以交给小干部来完成，班主任只需稍做辅导。

这种无声的表扬将会鼓励学生们奋发向上，形成你追我赶、共同进步的氛围，有利于良好学风、班风的形成。

小栏目三：开动你的脑

猜谜语，脑筋急转弯这类题目十分受学生的欢迎，它不仅可以活跃学生的思维，丰富课余生活，还能激发学生动脑探究的兴趣。

可由于教学任务等原因，老师不可能经常出这类题目。教室后墙的这方黑板报则为之提供了机会和空间。

这一栏目可以采用学生出题学生答，猜对答案就换的不定期出题方式，哪个学生猜对了，就可以获得下期的出题资格，并可以光荣地把姓名写在出题人一栏。这样的黑板报可以成为课余津津乐道、谈笑争论的乐园，有哪个学生不爱看呢？

像这样的栏目还有很多，如每天一个为什么、知识百花园能向学生传递百科知识、祝福送给你能增进师生情感……如果把黑板报比作一个电视机屏幕，那这些小栏目就可以看作是一个个传统节目。虽然学生写的字不够美观，画的插图有些幼稚，但其内容符合学生实际，与他们的学习生活密切相连，这样的黑板报才是最美，最有活力的。

把黑板报这块乐土真正交给学生来耕耘，它定能常出常新，百看不厌，得到孩子们更多关注的目光。

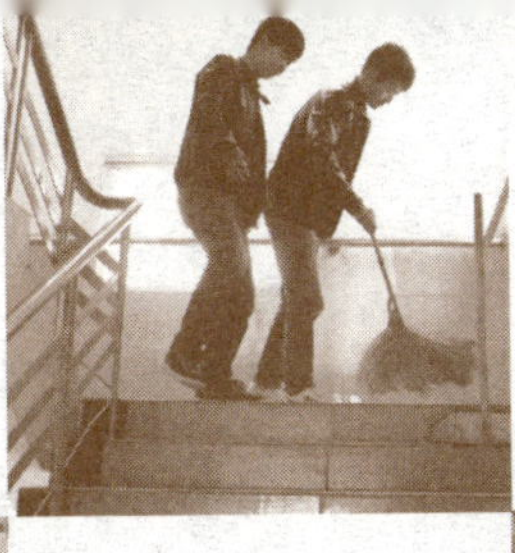

NO5.美化校园活动的案例

利用变废为宝美化校园

教学目标

1.通过本次活动，了解自己身边废物污染的情况，使学生认识到作为废物的垃圾对环境污染的危害。

2.学会利用废旧物品制作工艺品，美化生活。培养学生的创造力和动手能力。

3.了解学校绿色小银行活动意义，倡导学生积极参与到绿色小银行的活动中去。增强学生保护环境的责任感，养成良好的环境道德和

环境行为习惯。

教学重难点

学会利用废旧物品制作工艺品，培养学生的创造力和动手能力，增强学生保护环境的责任感，倡导学生积极参与到绿色小银行的活动中去，养成良好的环境道德和环境行为习惯。

教具、学具

旧报纸、易拉罐、塑料瓶、玻璃瓶、药盒、废布、胶水、针线、彩笔、双面胶、剪刀等。

教学时间

2课时

教学过程

1.活动准备

（1）观察周边垃圾对环境的破坏。有条件的学生把它拍下来。

（2）准备好旧报纸、易拉罐、塑料瓶、玻璃瓶、药盒、废布、胶水、针线、彩笔、双面胶、剪刀等。

2.活动过程

（1）画面导入主题

教师出示一组环境被严重污染了的图片。

请学生幻灯出示自己拍到的周边环境污染的照片。

让学生谈谈自己在放学路上观察到的环境污染现象。

谈谈自己的感受和想法。

说明：此教学环节重在引导学生认识到垃圾污染的严重性和破坏性，懂得保护环境的重要性。

（2）教师出示图片

教师向学生出示一组学校环境优美的图片

说明：图片的差别可以带动学生心理上的强烈对比，美好干净的环境令人愉悦，而浑浊肮脏的环境令人作呕，学生在情绪的对比中更能深刻明白保护环境的重要性，也为此次活动奠定了基础。

引导：正是由于有强烈的环保意识，才使得我们的校园如此美丽。这正是我们开展的实践活动——绿色小银行，美化小校园。板书课题。

（3）我为"小银行"添光彩

课件展示学校绿色小银行的开展情况，激发学生的交流欲望。如何让"小银行"开展的有声有色？

说明：通过这一教学环节让学生明白：不光收旧利废是环保行为，捡起一片纸，收起饮料瓶，清理垃圾箱，擦洗墙面不文明语言，不随地吐痰等一些细小的行为都是在为"小银行"添光加彩。

幻灯出示绿色小银行活动资料，即变卖废品照片、各班小银行月收入例表。

请你做小行长的话，如何使用小银行收费？小组交流制定规划。

说明：引导学生学会自主支配使用小银行收费，公开收支情况，如帮助经济有困难的学生买学习用品，为班级买卫生工具，给学生发学习奖品，帮助孤寡老人等，让学生感受到小银行收费虽少，却可以做很多有意义的事情，即培养了学生帮助他人的优秀品质，又激发了学生参与小银行活动的积极性。

（4）环保大行动落实

师生在认识了垃圾的类别和危害后，就应该积极行动起来，为了地球的健康，为了我们共同生活的这一片天地，保护环境，保卫地球。现在就用自己的智慧，从我做起，从身边的小事做起，一起来寻找拯救环境的良药。以小组为单位，大家共同探讨，交流分享。

以小组为单位，创写环保的公益广告。

奇思妙想，联系实际，让学生说说生活中的浪费现象如何改善？

如一次性筷子是对木材的极大浪费，可以发明可食用的各种味道的筷子，既减少了浪费又促进了消费。启发学生从各个方面想象。

在校园里号召大家合理丢弃垃圾，不要污染环境。

（5）生活中有许多东西是可以回收利用的，也有许多东西可以制作成小玩具、小装饰，来美化我们的生活。

课件出示：废旧物品制作的小玩具、小装饰。

展示几件手工制作，激发学生动手创作的欲望。

下面动手试一试：

取出一些废弃物，如旧报纸、易拉罐、塑料瓶、药盒、废布等，学生可以组成单位带来材料。

请学生发挥想象，可以用这些废弃物制作什么小物品？可以组内讨论，自己思考。

学生分组进行制作，学生可以自己独立制作，也可以全组共同制作。

说明：教师要在学生制作的过程中巡视，提醒学生注意安全，帮助学生进行一些难度较大的制作，并维持纪律。对于速度较慢的学生要进行帮助和提醒。如果有的学生制作完成，可随时展示，及时表扬。通过这一环节，既增强了学生的环保意识，提高了学生动手制作水平，又培养了他们的审美能力与想象创新精神，发挥了他们的智慧，发展了他们的个性。

活动后展示作品，评出各奖项。

作品举例：雪碧的瓶子改制成的花篮；旧报纸做的灯罩；碎布条做成的拖把；易拉罐做成的烟灰缸；没用的CD做成的装饰门帘；小药盒做成的针线盒……

教师可以夸赞"同学们的手真巧，原来我们可以用我们的双手变废为宝。请大家在自己的作品上写上要求大家保护环境的话语。"然

后评出最佳创意奖和优秀设计奖等若干奖项。

说明：设奖的目的不仅肯定了同学的智慧，也激发了他们创新发明的兴趣。

3.活动总结

环保及自然资源与我们的生存息息相关。环保不只是一句口号、一种观念，而应该是一种生活方式。大家应该把环境保护意识付诸每个小小的行动，少一分破坏，多一分建设，珍惜任何可以再利用的资源，通过自己的眼睛观察、头脑思考、心灵体会，把废弃物中可以再利用的丰富资源，用我们的聪明智慧与灵巧双手，赋予它们新的艺术生命力！

用自己的慧思巧手，将它们"化腐朽为神奇"！

4.活动延伸

从我做起，从身边的小事做起，时时刻刻提醒自己要爱护环境，并落实到日常的生活中去。你在这次活动结束后，还会继续怎样做呢？

（1）争取多一点时间和机会呼吁全校师生行动起来。

（2）留心观察，发现有严重环境的污染要及时向有关部门反映。

（3）向社会中的各界人士宣传环保知识。

（4）严格监督自己以及身边的亲人，妥善处理生活垃圾，增强环保意识。

利用艺术设计美化校园

活动目标
1.让学生直观感受环境艺术与人类的关系，认识到环境艺术的涵义。

2.运用所学的环境艺术的知识，对校园环境进行调查，了解、分析，并得出整治美化的策划方案。

活动内容
教师通过引导学生调查校园环境，形成关注环境、关注自然的意识。在美化校园的系列活动中培养学生合作、探究、创造精神，培养实际操作与解决问题的能力，并形成创造成果。

活动时间
三周。

第一周 调查阶段
1.教师在教学中运用课件展示出生活中街道整治工程前后对比的图像，让学生直观感受环境设计与人类的关系，认识到环境艺术的涵义，并通过师生对话，让学生了解什么叫环境艺术设计？为什么要进行环境设计？怎样关注环境保护？

2.教师用课件展示学校以前的校园环境资料图片，提出："我们了解学校的昨天，再让我们了解学校的今天，最后让我们设计学校的明天。"随即按学生的专长、能力等条件进行搭配，分为几个小组，

到学校进行现场调查,要求各组:

(1)分工合理。

(2)写出调查报告。

(3)写出设计方案。

3.学生分组到学校各处进行较全面的认真调查。可以咨询学校分管领导或老教师,分别对校门、教学楼、食堂、运动场、绿化区等方面的造型、朝向、面积提出自己的看法。教师在整个调查活动中给予启发和指导。

4.学生通过对学校校园环境的过去与现状调查,以审美的眼光观察校园环境与设施,提出将校园改造成生态化、艺术化校园的若干建议,并写出了调查报告和总体布局设计方案。如合理布局校园绿化带,增设草坪与花台,建立文化艺术廊,绘制校园艺术墙等。

第二周 策划设计

1.教师就平面布局设计图怎样画,设计说明怎样写,建筑造型怎

样画，各种图标怎样画，比例尺的计算等问题，与学生进行对话、答疑、用课件展示国内外校园环境总体布局、建筑造型图标等方面的相关图例，提供参考，启发学生思维，让学生形成改造校园的良好愿望。师生共同确定"爱我校园"的活动主题，根据活动主题，进行美化校园的策划。

2.学生分组讨论各自获取的信息资料，并进行综合分析。教师让学生自主选择内容，利用已有的美术设计知识，以分组或合作的方式进行方案设计。在设计过程中，学生不仅要考虑造型设计如何与环境相适应，还要考虑色彩搭配与材料的运用。甚至要用到数学知识进行材料计算与经费预算。

3.各组通过对校园的调查，完成自己的整套策划方案，并各自展示出来，大家相互交流、欣赏、评价。有的针对方案策划，有的针对环境绿化设计，有的针对环境雕塑设计，有的针对人们休息场所设计等等。

第三周 设计与实施阶段

这一阶级首先由师生共同组织一场别开生面的"校园环境设计竞标会"。先由各组代表作设计的展示和设计说明的陈述，再由其他同学对设计提出质疑和修改意见。学生争论不休，气氛达到高潮。最后，全班学生对各组的设计进行评选，教师对"中标"设计颁发奖品。

师生共同完美"中标"方案,然后分组实施操作。这一阶段学生表现出更高的参与兴趣,动手动脑能力得到最大限度发挥。如负责绘制100米校园艺术墙的学生,利用美术课与课外活动时间,从丈量、粉刷墙壁到放大草图,填色勾线,整理加工,每一个环节都认真参与,尤其是那幅长100米的表现优美自然风光的生态艺术墙绘制完工后,全校师生表现出由衷的欣喜,参与完成设计绘制的学生更会兴奋不已,他们深深体验到了创造与实践的乐趣。

成果呈现

这次活动的最后一个环节是由学校组织一次观摩展示会,邀请家长、社会人士、学校师生参观艺术墙,观摩上百幅学生设计草图与活动过程录像,由参与制作的学生介绍作品,并征求观摩者的意见,同时还邀请"小记者"来现场采访。

活动延伸

同学们,通过这次活动的开展,看到自己的作品,有什么感受?希望大家能够通过此次活动的开展,进一步增强自身的环保意识,争做环保小卫士,为家乡的环保事业作出一份应有的贡献。

利用绿化效果美化校园

指导思想

以科学发展观和可持续发展理念为指导,进一步绿化、美化校园,建设绿色校园,体现"人与自然,和谐发展"的理念。为师生创建优美的工作学习环境,营造出浓厚的校园宁静气氛,合理布局校园绿化美化结构,促进人与自然的和谐发展。

建立组织,加强领导

成立绿化领导小组

组　长:××

副组长:××

成　员:××

领导小组定期研究绿化美化工作、规划绿化布局、设计绿化平面图,使绿化工作做到有领导、有组织、有计划地开展。

工作原则

全力将可绿化面积进行绿化,将精力放到新开辟出的新可绿化地带,使新增绿化带要和原有的绿化格调一致,注重基础工作就是长期工作,抓基础要思长远,注重品种搭配,合理栽种,增加垂直绿化面积,建立完整的绿化体系。

将学校可利用的一切都利用起来,逐步发展实施,完成规划任务。

1.从学校实际出发,结合上级文件精神的要求进行工作。

2.发挥校园面积小的特点,分块布局绿化,加强领导,高度重视,体现分布均衡,突出重点,尽可能的增加绿地面积,加大覆盖率,没有死角。

3.必须做到除必要的道路和活动场所外,所有地面均被绿化带覆盖。

4.必须体现绿化效果的立体性,除草地外,应考虑栽种适合生长且便于护理的灌木、乔木,体现层次感。

完成绿化美化的措施

3月2日至10日,为宣传发动阶段。要及早做好准备,选好树种。绿化植物以杏树、梨树、桃树等果树为主,另在校园周围补种部分杨树,北校区路南花池再种植太阳花等一些草花。

3月11日至12日,种植苗木,苗木种植后,要进行科学的养护管

理，确保成活和绿化景观效果，并制定养护管理措施，建立教师绿化管理区域、班级绿化管理区域，把养护管理责任落实到人。

把学校德育工作与校园美化绿化建设有机地结合起来，达到植树与育人相结合的目的。

管理养护

适时种植是保证植物成活的关键，后期管理是保证植物生长的关键，两个环节都不可忽视。

特别是中期管理更是保证绿化效果的过程，修剪、浇水、防治病虫害等，都是非常重要的工作。及时调整工作重点，要落实到人，及时检查，科学养护，这样才能保证植物长得好。

在工作过程中，要动员全体教师、学生积极参与，增强师生爱护花草树木的责任心。

今年绿化要立足当前，结合实际，尽快行动。学校要在巩固原有绿化成果的基础上，继续将绿化工作做得更好。

整理自行车以美化校园

活动背景

环境关系你我他,文明停车靠大家。自行车与我们同学的生活息息相关,但目前,常有自行车乱停乱放等现象。有的在停放车辆时为了省一脚油而一车占两位,导致他人车辆无法按位停放;有的为了上课省事,将车停放在主干道两侧、楼道前、进、出口通道两侧等。这些都严重影响道路交通和行人通行,部分车主甚至将车停放于人行路基和绿化带上,严重破坏校园公共设施等;这些行为严重影响了校园的整体形象,妨碍了师生的正常通行,也给大家的生活学习造成了不便,并可能带来交通安全隐患。

活动目的

为了建立一个更好的停车条件,倡导更好的生活氛围,建立一个整洁美丽的校园,培养广大同学的美好品德情操,学校根据宿舍实际情况,延续"校园文明服务"的优良传统;创建文明的校园,让学生与文明停车同行,与快乐同行,文明停车,文明生活,合力谱写学校文明新篇章。

活动内容

1.文明停车宣传活动

(1)制作条幅

"没有规矩,不成方圆",请大家自觉遵守相关管理规定,维护校园环境，人人争做"文明出行从文明停车开始，文明停车从我做起"的宣传员。

"辛苦我一人，方便他人行"，人人争做"文明出行从文明停车开始，文明停车从我做起"的示范员。

以"维护校园环境秩序为荣，以损害校园环境秩序为耻"，人人争做"文明出行从文明停车开始，文明停车从我做起"的监督员。

（2）制作板报

制作宣传板报或横幅，让那些愿意自觉停车的同学在板报或横幅上签名。主题为"环境关系你我他，文明停车靠大家"。

（3）拍摄照片

拍摄一些违规停放车辆的照片用于宣传或制作海报。

拍摄一些自愿在海报上签名同学的画面以作后期宣传。

2.文明停车劝导活动

（1）维持宿舍楼车辆秩序，做好高峰时段的车辆的停放工作；

（2）温馨提示同学把自行车停靠在宿舍楼门口的两边，以免堵塞宿舍门口，影响同学出入；

（3）温馨提示保持车辆整齐停放到合适位置；

（4）热心帮助有需要的同学；

活动要求

1.统一佩带志愿者帽子，佩带必须端庄；

2.工作时不能背着书包，不允许戴mp3等有损青协的形象的事；

3.服务工作主动热情，积极大方；

4.讲话文明，举止端庄，态度诚恳，服务周到；

5.准时到岗，不能擅自离开服务岗位，有事必须提前请假；

6.必须服从统一管理，听从职能部门的指挥和安排；

7.遵守工作纪律、安全纪律，注意个人安全；

8.自觉接受全院师生的监督，虚心接受批评；

9.在服务中遇到自己不能解决的各种困难和问题，应及时与有关职能部门联系。

工作宗旨

全心全意为师生，创广大文明新风。

工作人员

全体师生。

工作交接

值日工作结束的当天，当次服务的负责人将帽子等物品交予下次志愿者负责人。出现问题通知协会负责人进行指导和处理。

工作意义

服务同学也是我们的宗旨，能为同学们服务我们感到很欣慰。

工作总结

部员全到齐，到场率100%。我们发现班级卫生已经比原来打扫要卫生多了，这也证明了学校做活动的号召力和影响力。在组织活动的时候更应想到意外情况的发生，预先料理好许多准备工作。

美化校园要从自我做起

美丽的校园,清洁的环境,能够给我们带来美的享受。可是有人出口成"脏",脏话连篇,有人在做"天女散花"状撒纸屑,你有何感想?

活动目的

1.知道学校的美丽离不开大家的努力,懂得自己是学校的主人,应主动、积极地参与学校工作。

2.能给美化校园提一个合理化的建议并参与美化校园,培养学生学会发现问题、探究问题和解决问题的能力,在实践过程中增强合作能力。

3.激发学生关心学校,关注校园生活的思想感情。

活动内容

畅所欲言谈想法;实事求是搞调查;想方设法学先进;七嘴八舌提建议;认真写好建议书;亲自动手美校园。

活动准备

1.联系好附近学校用以参观;向学生提供校园环境优美的学校的网址用以浏览。

2.开展"我心中的校园"美术作品征集。

3.准备学生的书画作品、自编小报、优秀作文、英语问候语或名人名言;做一个小信箱。

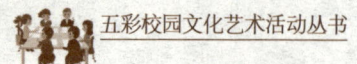

活动过程

1.畅所欲言谈想法

（1）让学生围绕以下问题谈自己的想法：

你认为美化校园是学校领导或老师的事吗？

你是如何理解"美化校园，有我一个"这句话的？

2.实事求是搞调查

请学生根据兴趣、条件等因素自行成立小队，自己取名，选择一个小课题，并写好调查方案。

（1）课题选择范围

学校中尚有哪些不足：如校园的总体规划设计是否合理？校园的净化、绿化做得如何？校园环境是否优美？校园里是否设置了艺术墙、文化角、读书园、宣传窗？应作哪些改进？

（2）小课题研究记录表

主要包含以下各项：小课题、课题组成员名、调查分工、调查过程（时间地点及内容）、调查记录、调查结论、建议。

自我评价：优秀、良好、一般。

给学生充足的时间在自己所在的校园内开展调查研究，每位学生以一个学校小主人的身份重新认真审视自己的学校，发现不足。然后把调查的资料在小组内进行整理、分析，共同总结出一个结论。学生完全是自主活动。

3.想方设法学先进

（1）参观附近的学校，博采众长。

（2）上网观看校园环境好的示范学校，取其精华。

（3）把先进学校与自己所在的学校进行对比，发现不足。

4.七嘴八舌提建议

（1）让学生自由提建议。

红茶花小队：我们调查了学校的绿化，发现学校的绿化面积还欠大。如果能增加四个花坛，再种些灌木，设计一个精美的草坪，实现绿树如荫，绿草绒绒，鲜花盛开，花香四溢，那就更好了。花坛中间还可以有一条绿荫小道，四季常青。并建议校园中能做到水池清清，假山婷婷。

百灵鸟小队：我们对学校的每一面墙壁都进行了调查，发现墙上除了手印、脚印和灰尘，其他什么都没有。我们希望能让学校的每一面墙壁都"说话"。可以挂一系列我们的书画作品：低年级以儿童画为主，中年级以国画、儿童画为主，高年级以素描为主。内容上尽量体现童心、童趣、童乐。谁在写字课、美术课或书法、美术兴趣小组中的作品好，谁的作品就入选，把这些佳作装进铝合金镜框，挂在校园的各个墙壁上。也可以这样美化：一楼的墙壁上都挂书画作品；二楼的墙壁上都贴些自编小报；三楼的墙壁上则是优秀作文、英语问候

语或名人名言等。

大熊猫小队：我们认为学校的橱窗布置太单调。希望学校的橱窗布置能做到多样化。宣传橱窗可以设阅报栏、科技知识、手抄报集锦、爱国主义图片等栏目，每学期可更换四、五次，内容要丰富。并建议校园里应该有一个文化角，这里是知识与文明交流的港湾。大家可把小制作、小发明也带到这里。文化角可设在室内，在室外可开辟一个读书园。同学们有空便可以到这里去看看书。

啄木鸟小队：我们觉得校园各类标识牌要重新规划和设立，原则是实用、美观，与校园风格协调一致。

花仙子小队：我们提议在葱郁的树荫下设一个"悄悄话信箱"，成为我们敞开心扉，道出心声的一块绿洲。

金丝猴小队：学校还可以创设环境音乐。为我们精心策划、设计和编排一些环境音乐内容，如校园歌曲、中外艺术歌曲、传统歌曲、影视歌曲、民歌民乐等，可利用红领巾广播经常播放。最好有一个音乐广场，同学们可以到这里弹琴、吹乐器等。

百合花小队：大家说了那么多，要增加什么，设立什么，我们觉得增设了这些以后，还应该给它们取个好名。如我们校园内的一角有一个碧绿的深潭，一条条金鱼在自由自在地游动着，我认为可以取名为"碧潭鱼跃"。学校里有一个花坛是校友捐资所建，花坛里松、竹、梅岁寒三友紧紧地簇拥着，四周还点缀着迎春花，象征着众多校友茁壮成材，团结向上，迎来了母校教育的春天，因此可取名为"三友迎春"。校园的西侧，有一汪碧水，几块山石，一棵枇杷，一株金桂，一边是古色古香的亭台楼阁，一边是现代化的教学楼，不妨取名为"蓝庭桂馨"。还有教学楼后边，绿色的灌木丛中，套种着不少红花，可以取名为"新绿点红"。

东北虎小队：我们还可以在校园内写些温馨提示语，张贴在合适的地方。"你我共奉一片真情，校园更添美丽温馨。"这句提示语可贴在一进校门的位置。把"请高抬贵手，留住我们的美丽"这句提示语写在花坛边。在绿荫小道上竖一块牌子，写上"众人呵护，绿荫常驻"。还可以再加上一句"小树苗的呼唤：人要衣装，我爱绿装"或"护绿如护体，爱校似爱己。"可以在草坪周围写上"别踩我，我疼"。再写一句"人人爱我校园，天天与美相伴"。

（2）进行"我心中的校园"优秀美术作品展览。

（3）让学生说说自己创作的构想。

5.认真写好建议书

各小组就建议的具体内容、可行性等发表意见，修改和完善建议；班委将各小组的建议汇总整理后，写一份"美化校园建议书"，直接交给校长。

6.亲自动手美校园

（1）重新规划设立校园各类标识牌。

（2）在一楼的墙壁上挂书画作品；二楼的墙壁上贴些自编小报；

三楼的墙壁上贴上优秀作文、英语问候语或名人名言。

（3）在葱郁的树荫下设一个"悄悄话信箱"。

（4）把宣传窗划分为阅报栏、科技知识介绍、手抄报集锦、爱国主义图片展览等板块。

（5）室内设一个文化角，在室外开辟一个读书园。

（6）创设环境音乐：建一个音乐广场。

（7）给校园景点题名。

（8）写"温馨提示语"，贴在合适的位置。

活动说明

现在，尽管学校十分重视挖掘学生的潜能，给学生创设了不少条件，但是往往局限于参与班级内的活动。以美化为例，仅把美化各教室作为队员的事，而把美化校园看作是学校领导、学校后勤人员的工作。其实学生是学校的主人，为此，学生应积极参与美化校园。

让学生在调查、学先进的基础上给校园建设、文化设施、校园绿化、环境美化等提建议，提建议时应体现超前性、科学性、教育性、艺术性和实用性。由于不同的学生知识层面、兴趣爱好也不同，在调查时的侧重点也就不一样，为校园美化的角度也不一样。因此，我们应充分尊重学生的选择，让他们自由探究。通过对校园建设、文化设施、校园绿化、环境美化等方面提建议，并让他们把自己的想法化为现实，必将大大激发学生的主人翁意识。由学生自己美化的校园，他们更加懂得去爱护，这又成了一次最有效的爱校教育。

从清洁校园到美化环境

指导思想

紧紧围绕改善校园育人环境这一主题,在近一个时期内,以学校的环境文化建设为中心,以养成教育为重点,进一步绿化美化校园环境,优化净化育人环境,全面构建和谐校园。

总体目标

通过集中开展校园卫生清理和绿化美化整治活动,进一步巩固学校文化建设成果,提高环境文化建设水平,彻底清除环境卫生"脏乱

差"死角学校,营造优美健康文明向上的育人氛围,办好让人民满意的学校。

成立活动领导小组

具体负责"清洁校园、美化环境"百日活动的组织、指挥、协调和督查工作。各二级机构、各学校要成立相应机构,加强领导,加大投入,落实责任,做到统一部署分步推进,保证此活动顺利开展。

实施步骤

"清洁校园、美化环境"百日活动从3月9日开始至6月10日结束,共分三个阶段。

第一阶段:动员部署阶段

时间:3月9日——3月18日。

各单位要制定活动实施方案,召开本单位动员大会,全面部署,广泛动员,充分调动全市教育系统广大师生积极性,投入到"清洁校园、美化环境"百日活动中去。

第二阶段:实施阶段

时间:3月18日——5月20日。

各单位要按照本次百日活动标准(见附件),精心组织实施,对本单位环境进行全面整治,力求净化、绿化、美化工作大显成效,学校师生纠正不文明习惯教育取得实效。学校面貌焕然一新,学校环境文化理念基本确立。

具体要求:

1.进一步改进和加强学校的养成教育和健康教育。

(1)养成教育

"养成教育"就是培养学生良好行为习惯的教育。要通过强化行为训练入手,综合多种教育方法,全面提高学生的知、情、意、行,最终形成良好的行为习惯。

（2）抓好健康教育

全市中小学校要上好健康教育课，做到有教师、有教材、有教案。普及健康教育知识，提高卫生知识知晓率、学生知识知晓率和健康行为形成率均达到80%以上。确保14岁以上儿童蛔虫感染率小于3%，定期更换健康教育宣传栏内容。

（3）推进控烟工作

全市中小学校、幼儿园100%创建成无烟单位，校园内设置禁烟标志。学校要明确控烟员。利用5月31日无烟日，在全市中小学校内开展"拒吸第一支烟"，"拒绝烟草、远离疾病"签字活动，把吸烟危害健康知识传播给大家和亲朋好友。

（4）大力宣传卫生防疫知识，倡导健康、文明、科学的生活方式、不断增强广大师生的卫生意识，养成良好的卫生习惯，自觉参与整治校园环境活动。

2.治脏、治差、治乱，净化、绿化、美化校园。

（1）清理校园内死角垃圾，定时清理垃圾道。清理房前、房后的垃圾，清理花园内的杂草、物品。清理校园内污水沟和排水沟杂物。清理校园内残墙破院、整理杂乱杆线、清理路面两侧乱堆乱放，使道路平整。清理在校教师寝室内外卫生、整齐摆放物品。清除长期积存的物品、垃圾。

（2）整修、绿化、美化校园。

全面绿化校园，利用空地，积极建设小花园。种花植树，美化环境。校园内需硬化的道路进行硬化，补修校园内的建筑物。

（3）认真开展春季灭鼠、灭蟑和灭蛆蝇活动，防止疫情发生。清除"四害"孳生场地、严密组织、科学开展春季灭鼠、灭蟑和灭蚊蝇工作，降低"四害"密度，预防和减少病媒传播疾病的发生和蔓延。

第三阶段：检查考核阶段

时间：5月20日——6月10日。

教体局将对单位活动开展的情况进行检查评比，全面总结。各中心校、局属学校也要对本单位活动开展情况进行全面督查总结、材料上报。

活动要求

1.各中心校、各中小学校要进一步建立健全学校卫生制度。全市中小学校、幼儿园要进一步贯彻落实《学校卫生工作条例》加强对学生个人卫生、环境卫生、教室卫生及寝室卫生、食堂卫生、餐厅卫生、厕所卫生的管理，建立学校环境管理和环境文化建设长效机制，确保立足百日，规划长远，坚持不懈，抓出实效。

2.全市中小学校要围绕本次主题活动，开展演讲比赛、主题班会、"小手拉大手"等丰富多彩的宣传教育活动，使广大师生进一步树立良好的环境卫生意识。

3.各单位一把手为本单位第一责任人，对本单位活动开展情况负全面责任。

4.全市中小学校、幼儿园对"清洁校园、美化环境"百日活动中要建立档案。

相关教育部门要对活动开展情况进行定期不定期督查，督查评比结果通报全市，并纳入年度责任目标考核。对措施不力、行动迟缓、整治效果较差的单位，给予通报批评，并取消现代学校文化建设德育工作、学校体育卫生工作、文明学校等方面的荣誉与称号，问题严重的，采取必要的组织措施。

附件："清洁校园、美化环境"百日活动整治标准

1.师生文明行为习惯

教师在校园内不抽烟，男生不留长发、女生不戴手饰、不穿奇装怪服等不文明行为习惯。

2.校园环境卫生

（1）校园内学校要健全清扫和保洁制度，有专人负责，经常检查。校园内要划分卫生责任区，并设立标志牌，不留盲区和死角，合理设置垃圾桶，并及时做好垃圾清运工作。

（2）校园内及大门口：地面无纸屑、果皮、烟头、痰迹、积水，绿地无枯枝树叶、杂物。

（3）校园整洁，师生不准随地吐痰、不准随地扔杂物、不准乱倒垃圾、不准向室外乱扔乱倒污物。

（4）校园班级文化：校园文化丰富多彩、宣传栏、学习园地、公示栏及时更换整治，校训、名人名言等张贴宣传字画完整无缺损且属规范的汉字。

（5）墙上、树上、灯柱表面无乱刻、乱画、无污印。

（6）清除卫生死角、四害滋生场所，校内排水要畅通，明沟无积水，暗沟无淤泥，臭水不外溢。

（7）操场：始终保持地面的清洁、平整、无坑、无纸屑、无防碍上课的石头、树枝等尖锐杂物。

（8）加强厕所管理，通风排味，排污畅通，无蛆无蝇，大小便入池，蹲位无破坏，墙壁干净整洁，顶棚无破损现象。

3.校内所属各室卫生

（1）门窗无积尘、窗明洁净、无缺损玻璃、无灰尘、无杂物、无蜘蛛网，地面干净整洁。

（2）桌椅整齐，办公桌、作业本及常用物品有序摆放。

（3）物品柜上无积尘、无杂物，物品摆放有序。

从美化校园到快乐学习

为给师生创设一个良好的学习生活氛围，使师生身心愉快地工作学习，学校计划进行如下工作。

绿化环境

新栽垂榆、水腊、松树等树木，扩大绿化带。

开辟花带、花池，分别由各班管理，从栽种到管理，包干到班，责任到人，保证花带的管护质量。

为给学校增添绿意，学校计划培植一块草地。

校门外围墙边上也新栽垂柳，美化学校周边环境。

美化环境

在各楼层都安装空中花盆，全部栽种吊兰花，花枝下垂会很漂亮。花由学生自发带来，每班一盆，装点走廊。

为使班级有绿意，每班室内每个窗台都要放两盆盛开的鲜花，由学生自发带来。

走廊上有鲜花和学生做的手工艺品，既为学校增添美意，同时也熏陶学生的审美情趣，锻炼学生动手动脑的能力。

走廊两边有校训、校风、教风、学风等图板。

为美化校园，使学生在养成方面有自觉的行为，学校在走廊里添置学生行为规范方面的展板，有关于课堂教学的，有关于上下课的，有关于作业练习等，使学生明白应该怎么去做。

　　为促进学生的进步，促进班与班之间的竞争，学校在走廊设置班级星极评选展板，对班级和学生实行星级评比，共设学习、纪律、文明、仪表等六个方面的量化评比，每周一评比并张贴红星，促进班与班之间的竞争与发展。

　　为促进师生的书画技能，学校在走廊增添师生书画展板、学生书法长廊展示板。师生把自己的书画作品张贴在上面，展示学校师生的艺术风采。

　　为激发学生的灵感，促进学生的创作欲望，在每个班走廊边上都增添"我的灵感"、"我的感悟"等方面的展示台，让学生把自己的灵感和感悟写出来进行展示。

加强学校的环境建设

1.物质环境

　　教学反思的物质环境，主要指教师的办公条件、就餐环境、学校

图书及其它设施设备。物质环境是教师进行教学反思的重要条件,改善教师的物质环境有利于促进教师教学反思。

(1)改善教师的办公条件。教师工作时间大部分是在办公室渡过的,办公室条件好坏直接影响教师进行教学反思和开展其它工作的效率。教师进行教学反思时,一方面需要教师个人对某些问题进行深入思考;另一方面需要随时随地与同伴进行交流研讨。个人深思时,需要一个安静的环境,同伴交流时需要一定的空间。

因此,为促进教师反思,提高反思效率,学校为每一位教师提供一个既清净又宽敞的办公环境。

(2)完善学校图书等设备。教师进行教学反思需要具有一定的理论基础,丰富的图书资料给教师以理论滋养。

为此,学校领导和部分教师到书店选购一批新书,便于教师阅读。同时,学校除为教师提供比较充足的图书资料和良好的阅读环境外,还向教师推荐阅读书目,以方便教师选择所要阅读的内容,提高教师阅读效率。

在学校的课题博客上要设有《最新推荐文章》等栏目。学校领导、教师可以把自己最近阅读到的比较好的文章通过博客向同事推荐,实现资源共享。

学校还把教师精心设计的教案、教学反思笔记等资料装订成册,供教师共享和交流。这些做法不仅方便教师阅读,同时有助于在学校形成较好的阅读文化。

(3)积极建设一级校园网。学校在原有电脑室的基础上,为每个教师办公室配置电脑及打印机,同时进行校园局域网的建设,使每台电脑都能上网。教师用机达5台,学生用机达30台,服务器2台。

学校建立网站和课题博客,学校网站能提供一种教学互动的全新方式,它可使教师与教师、教师与学生之间的学习、教研等交流工作有全新的方式，不再受课堂与办公室的制约，大大拓展学习的时间和空间。上网学习后，可大大推动教师在信息化环境下专业化发展尤其是反思能力的提高。教师们不断鞭策自己，清晰地沉淀学习的路径，记下工作中触发的思考，转录网上许多全新的理念，培养自己积累的习惯，参加学校论坛，与许多教育专家、同事的思想碰撞出灵感的火花，使自己明显地感受成功的体验与生命质量的提升。

2.文化环境

建设"以人为本"的管理文化。广大教师是办学的主体，他们的积极性直接影响到教学质量。

以教师为本，就是要从各方面关心教师的生活，尽可能地为广大教师提供优越的生活条件，关心他们自身的业务发展，尽量满足教师学习、进步的需要，满足他们知识充电更新的需要；尽量满足教师对工作环境的需要，根据学校的具体情况添置教学设备，努力为教师开展教学活动提供良好的设备环境；尽量满足教师对工作岗位的需要，结合不同教师的不同需要和渴望程度，合理地、有针对性地分配工作任务，尽量做到人尽其才；尽量满足教师的自我展示和自我发展的需要，为教师的自我展示搭建平台，为教师的自我发展架起成长的梯子。

在关注群体共性需要的同时，也要注意个性化的需要，尤其是对一些弱势力、受挫折者及时给予更多的人文关怀，让大家感受到温暖，产生归宿感、依附感，从而调整心态，平衡情绪，激发热情，积极向上。

校园的绿化和美化，为师生创设一个良好的学习生活氛围，突显学校的校园文化建设，更是彰显明德学校的风采。

图书在版编目（CIP）数据

校园美化类活动指导手册 / 王莉编著. -- 长春：吉林出版集团有限责任公司，2013.11（2020.11重印）
ISBN 978-7-5534-3293-9

Ⅰ.①校… Ⅱ.①王… Ⅲ.①学校环境—环境保护—青年读物②学校环境—环境保护—少年读物 Ⅳ.①G47-49

中国版本图书馆CIP数据核字(2013)第226727号

校园美化类活动指导手册

王 莉 编著

出 版 人：齐 郁
责任编辑：孙 婷
封面设计：大华文苑（北京）图书有限公司
版式设计：大华文苑（北京）图书有限公司
法律顾问：刘 畅
出　　版：吉林出版集团股份有限公司
发　　行：吉林出版集团青少年书刊发行有限公司
地　　址：长春市福祉大路5788号
邮政编码：130118
电　　话：0431-81629800
传　　真：0431-81629812
印　　刷：北京兴星伟业印刷有限公司
版　　次：2013年11月 第1版
印　　次：2020年11月 第3次印刷
字　　数：158千字
开　　本：710mm×1000mm　1/16
印　　张：12
书　　号：ISBN 978-7-5534-3293-9
定　　价：35.00元

版权所有　翻印必究